実録！

年商10億円超の黒字企業に共通する

7つの行動原則

尾﨑 充

川見 優介

はじめに

　この書籍を手に取っていただいた方は経営者の方、会社幹部の方、社員の方など様々な立場にある方々だと思います。経営とは、人間の幸せのために行うものとドラッカーはいいます。

　経営が人間の幸せのために行うものであれば、そこに集う人々が仕事を通じてお客様に価値を提供し、喜ばれて貢献欲求を満たし、活き活きと働く場と機会を提供することは経営者の使命といえるでしょう。

　企業理念はその会社が大事にしている価値観であり、その理念の大きさはその後の企業成長と少なからず相関関係があるという統計データが示されています。

　そして経営者が描く将来ビジョンを実現するために、その実行手段として具体的な行動計画を長期あるいは中期経営計画として作成する事になります。

　経営をしていく上で提供した価値の対価としての売上は最低限必要なものであり、利益は企業が将来に向かって永続・発展するためのコストと考える事ができます。そして利益が出ていても、資金繰りを誤れば企業は黒字倒産という憂き目に合う事もあり得ます。従って、売上と利益と資金繰りの計画と管理は企業経営の計数管理の要諦といえます。

　また、組織を構成する社員が経営理念に共感して同じ方向を向いている組織は様々な困難をも乗り越える強さと、理念達成のための目標に果敢に挑戦する風土を持っています。従って、理念浸透は企業の成長発展の根幹をなすものといえます。

安田善次郎（安田財閥の創始者）は、田んぼを購入する前にその地の神社やお寺を見に行くという話を以前に読みました。なぜ神社やお寺を見に行くのでしょうか？　神社やお寺が荒れる事なく手入れして掃除などが行き届いていれば、その地に住む人々は信心深くて勤勉であろうという事がわかるからなのです。そして小作人の家も見て回って、家の中がちゃんと片付けもされているようであれば、土地を粗末にしない勤勉な小作人であろうという事で田んぼの購入を決めたそうです。この話を現代に置き換えれば、理念浸透や企業風土に通ずるものがあるといえるでしょう。

　そして、人の命に限りがあるように企業にも出口（事業承継、IPO、M&A、廃業）があり、この出口を事前対応として意識して経営をしてきたのか、あるいは出口など考えずに経営をしてきたのかの違いは、まさに出口に直面して様々な困難として如実に現れてきます。

　企業の出口である事業承継、IPO、M&A（廃業は除きます）を意識して企業をいかに磨き上げていくのかという方法を、企業理念、企業風土、ビジョン・経営戦略・経営計画と業績検討会、人事評価、内部統制、事業承継・M&A の切り口で実務に則して書いてみました。

　経営者、幹部、社員が一丸となって組織的な経営にまい進し、卓越企業・優良企業として永続・発展する企業を目指して、ぜひ経営者、幹部、社員全員で本書をお読みいただければと思います。企業の磨き上げと組織的経営の実現に本書が少しでもお役に立てれば幸甚に存じます。

目次

中小、中堅企業の現状と課題

　中小、中堅企業は、日本の全企業数のうち 99.7%を占め、約 3,200 万人の方が雇用されているといわれます。これは、日本の従業者の約 7 割が中小企業で雇用されている計算になります。

　このように中小、中堅企業はその事業活動を通して、日本の雇用の大部分を支える一方で我々の生活に欠かせない商品やサービスの提供を行っています。

　日本経済を活性化し、より元気にするためには日本の中小、中堅企業が永続的に成長発展する事が極めて重要です。

　そこでこの章では日本の中小、中堅企業の現状と永続的に成長発展するために必要な課題について探ってみたいと思います。

1.　中小、中堅企業の課題は何なのか？

　この本を手に取っていただいた方は自社を良くしたいという想いで日々経営にまい進され、また努力されている方々だと思います。

　さて、あなたの会社の経営課題は何でしょうか？

　・自社の収益率の向上でしょうか？

　・離職率の低減、定着率のアップでしょうか？

　・生産性の向上でしょうか？

　・人材育成、人材強化でしょうか？

　・売上・シェア拡大でしょうか？

　・資金繰り改善でしょうか？

　私も、有難いことにお客様から多種多様な相談をされる一方で、経営課題に対峙し続けて、あっという間に約 20 年が経ってしまいました。

　このように経営者は数多くの様々な経営課題を抱えていますが、その成長によって新たなステージに応じた新たな経営課題が次々と発生してくるのが実情といえます。

　一般社団法人日本能率協会の調査によると、日本企業の経営課題 2020 による経営課題は、

　第 1 位は「収益性向上」（45.1％）

　第 2 位は「人材の強化」（31.8％）

　第 3 位は「売り上げ・シェア拡大」（30.8％）

　となっており、過去 3 年間の推移を見てみると前年より「事業基盤の強化・再編、事業ポートフォリオの再構築」（＋6.3 ポ

イント）「デジタル技術の活用・戦略的投資」（＋6.9 ポイント）
「財務体質強化」（＋6.2 ポイント）の比率が高まっています。

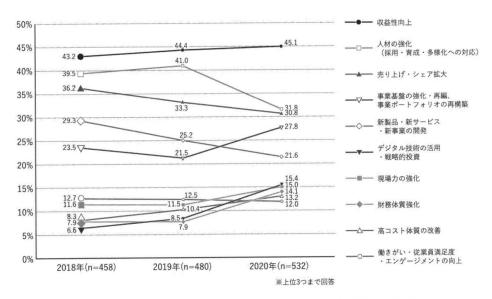

（出典：日本企業の経営課題 2020　一般社団法人日本能率協会　P10）

2. 日本の法人企業の黒字割合

　日本の法人企業の黒字申告割合をご存知でしょうか？　これは 2020 年 11 月に国税庁から発表された令和元年（2019 年）事務年度法人税等の申告（課税）事績の概要です。この事績から日本の企業の概ね 65％は赤字であるという事が分かります。

	H30 年（2018 年）	R 元年（2019 年）
申告件数	292 万 9 千件	294 万 9 千件
黒字申告件数	101 万 7 千件	104 万 2 千件
黒字申告割合	34.7%	35.3%

3. 売上規模別の黒字企業割合

　日本の法人企業の概ね 35％が黒字で 65％が赤字であることが分かりましたが、果たして売上規模と黒字企業割合には何らかの相関関係はあるのでしょうか？

　これに答えるものとして、対象企業数は異なるものの収録企業数から考えても日本の中小企業の所得状況の縮図といえる「TKC 経営指標（BAST）（注）」（Business Analyses & Statistics by TKC）による売上規模別の黒字企業割合が参考になります。

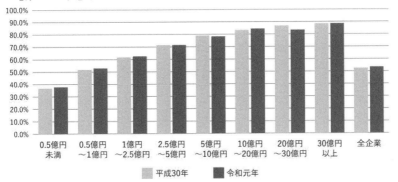

【第1-18表】黒字企業割合（%）

年	0.5億円未満	0.5億円〜1億円	1億円〜2.5億円	2.5億円〜5億円	5億円〜10億円	10億円〜20億円	20億円〜30億円	30億円以上	全企業
平成30年	37.3	52.7	62.7	72.1	79.5	84.5	87.8	89.3	53.4
令和元年	38.4	53.5	63.3	72.2	78.9	84.9	84.6	89.2	54.1

（出典：TKC全国会システム委員会編集 TKC全国会発行　「TKC経営指標」から見た産業別経営動向　P12）

　この表から読み取れるのは売上規模5千万円未満の法人は約60%が赤字であるのに対して売上規模5千万円〜1億円未満は約半分が赤字企業で、売上規模1億円以上の企業は約6割以上が黒字であり、売上規模と黒字割合に相関関係があることが分かります。

　（注）「TKC経営指標（BAST）」は、TKC会員事務所に所属する税理士・公認会計士が、毎月関与先を訪問し、企業の取引記録の真実性を求め、全部精密監査を実施した結果の決算書データ（損益計算書、貸借対照表）を全国的規模で集約した経営指標です。令和元年版では、243,495社を収録しています。

4.　組織の見える化、仕組み化の重要性

　業種によって多少のバラつきがありますが売上規模が概ね2.5億〜5億円以上の規模、あるいは社員が増えて社長の右腕

となる幹部候補が育ってきたステージになったら会社の仕組み化、見える化を考える必要があるといえます。

　具体的には、経営理念の成文化と組織への浸透、ビジョン、経営目標の明確化、中期経営計画の作成、年度計画の予算実績業績検討会の開催、人事評価制度の構築及び運用、定款の見直し（会社法の改正に応じて改定していない法人があまりに多いため）及び基本規定（内部統制システム）の整備あるいは見直し、運用を進めます。

　これらは生産性の向上、社員・管理職の育成、会社の採用率のアップ、離職率の低下などを達成し、業務を見える化、仕組み化して収益性を高める事によって企業を黒字化して永続企業にするための大事な手法、ツールといえます。

　例えば、当社のあるお客様は毎月の業績検討会を開催する事によって幹部である参加者が予算の達成のために社員同士で目標達成のためのミーティングを行うようになっています。また別の会社では業績検討会の開催に加えて人事評価制度を導入する事によって社員全員が業務改善、目標達成に向けて自律的に働くようになっています。

　業績検討会の開催、人事評価制度の構築及び運用、基本規定（内部統制システム）の整備は、会社を見える化、仕組み化して社員の経営参画意識を高め生産性の向上、社員・管理職の育成、離職率の低下、採用率のアップを達成し、会社の収益力を高めて永続企業になるための効果的なツールといえます。

■ 序章のまとめ

- 日本の企業の 2020 年度の経営課題は、2019 年度と比較すると、「事業基盤の強化・再編、事業ポートフォリオの再構築」（＋6.3 ポイント）のほか、「デジタル技術の活用・戦略的投資」（＋6.9 ポイント）、「財務体質強化」（＋6.2 ポイント）の重視度が高まっている（日本能率協会 2020 年度調査）

- 日本の企業の概ね 65％は赤字

- 企業の売上規模と企業の黒字割合には相関関係があり売上規模 1 億円以上の企業の約 6 割は黒字企業

- 業績検討会の開催、人事評価制度の構築及び運用、基本規定（内部統制システム）の整備は、会社を見える化、仕組み化して永続企業になるための効果的なツール

第 *1* 章

企業理念、経営理念の組織への浸透及びビジョンの明確化

この章では、経営理念の重要性、企業理念、経営理念の有無と企業の業績に関係性はあるのか、そして企業理念、経営理念の意味付けが組織の構成員にとってどのような効果を及ぼすのかを理解できます。

1. 経営理念の重要性

　経営理念は経営者の考え方・目指すもの、会社の立ち位置・スタンスを明確化するものであり、まさしく「この会社はどのような会社であるか、何のために経営するのか（将来の姿・事業の目的・存在理由など）」を内部・外部に示すものです。また、経営者自身のみならず、従業員にとっても判断基準・行動基準になるものです。

　「経営者に贈る5つの質問」（P.F ドラッカー著　ダイヤモンド社）の一つ目の質問は、「われわれのミッションは何か?」です。極めてシンプルな質問ですが、シンプルであるが故に本当に深く考えないと答えが出てこない質問といえるでしょう。

　同著でドラッカーは以下のように述べています。

　「組織はすべて、人と社会をより良いものにするために存在する。すなわち、組織にはミッションがある。目的があり、存在理由がある」「ミッションとは人にかかわるものである。それは心底からのものである。正しいと信ずるものである。従ってリーダーたる者は、組織のメンバー全員がミッションを理解し、信条とすることを確実にしなければならない」（出典：経営者に贈る5つの質問　P.F ドラッカー　ダイヤモンド社）

　創業した頃は社長が自ら営業し、受注、納品、入金確認を行い、また人の採用も社長が求人をして面接をして採用をするというふうに何から何まで社長自身が行います。

　その後、徐々に会社の規模が大きくなり社員も増えるにしたがって役割分担が進んでいくと社長が何から何まで社員に指

示する事は難しくなります。理想をいえば創業段階あるいは社員を数人雇った段階で会社の理念、ビジョンを定めて、社内ルールも整備するのが望ましいといえます。

　前章で売上規模と黒字企業割合には相関関係があることが分かりましたが、黒字企業の中でも優良企業の行動特性について「TKC経営指標（BAST）」（*1）のデータを基に優良企業（*2）の定性要因と定量要因の関係分析を研究した書籍として収益結晶化理論（宮田矢八郎著　ダイヤモンド社）があります。

（*1）TKC経営指標（BAST）は、TKC会員（税理士・会計士）の関与先企業の経営成績と財政状態を分析したものです。TKC会員が毎月継続して実施した巡回監査と月次決算により作成された会計帳簿を基礎とし、そこから誘導された決算書（貸借対照表及び損益計算書）を収録データとしています。

（*2）優良企業は、2期以上継続して黒字の企業から、5段階の手順を経て抽出した企業をいい、その割合は2期継続黒字企業の上位 15%に当たります。

　この書籍ではTKC経営指標の優良企業1万1476社に優良企業分析に関するアンケートを送付し、有効回答5156社を調査研究し、卓越企業の行動特性を調査研究しています。

　この内容をモデル化して開発されたコンサルティングシート（宮田矢八郎著　1枚のシートで経営を動かす　ダイヤモンド社　巻末の綴じ込み資料　一部加筆）の人的要因　経営者・経営理念が次の表です。

人的要因						
規模　当社売上		2.5億円未満	2.5〜10億円	10〜30億円	30〜70億円	70億円以上
経営者・経営理念	経営理念	なし	あり	あり、かつ共感共鳴を得ている		
	経営者のタイプ	技術者型・営業マン型		バランス型		経営戦略策定型
	哲学・信条	なし	あり			
	コア・コンピタンスの説明	ある程度までならできる	体系立ててできる		開示資料を作成	

（出典：宮田矢八郎　１枚のシートで経営を動かす　ダイヤモンド社　巻末資料）

人的要因の中身を確認してみましょう。

・経営理念

　経理理念に関しては売上規模 2.5 億円未満では経営理念は「なし」であり、2.5 億円〜10 億円未満で経理理念「あり」で、さらに売上規模 10 億円以上になると「あり、かつ共感共鳴を得ている」という結果であり、会社の存在目的に共感共鳴しており社員が会社の理念に基づいて自律的に仕事をしている事がうかがわれます。

・経営者のタイプ

　経営者のタイプに関しては売上高 10 億円未満までが技術者・営業マン型で 10 億円〜70 億円がバランス型、70 億円以上は経営戦略策定型という結果になっています。

・哲学・信条

哲学・信条に関しては売上高 2.5 億円未満は「なし」となっているのに対して 2.5 億円以上は「あり」となっており、経営者自身の考えの拠り所が確立してきていることがうかがわれます。

・コア・コンピタンスの説明

コア・コンピタンスの説明に関して売上高 2.5 円未満は「ある程度までならできる」で、2.5 億円以上 30 億円未満は「体系立ててできる」であり、30 億円以上の企業の場合には「開示資料を作成」しているという結果です。

また、収益結晶化理論（宮田矢八郎著）において、経営理念のない会社の経常利益は 2,900 万円である一方で、経営理念のある会社の経常利益は 4,900 万円で、差は 1.7 倍あり、企業経営における経営理念の有効性、重要性を実証研究から指摘されています。

経営理念と経常利益の相関関係

経営理念の有無	構成比	経常利益
経営理念あり	55%	4900 万円
経営理念なし 　内訳 　　・検討中 　　・必要ない 　　・考えたことがない	45% 20% 19% 6%	2900 万円

（出典：宮田矢八郎　1枚のシートで経営を動かす　ダイヤモンド社　P72）

売上規模別経営理念の保有割合

売上高	経営理念の保有割合
売上高 30 億円以上	76%
売上高 10 億円以上 30 億円未満	70%
売上高 2.5 億円以上 10 億円未満	57%
売上高 2.5 億円未満	47%

経常利益額別経営理念の保有割合

経常利益	経営理念の保有割合
3 億円以上	78%
1 億円以上 3 億円未満	69%
3000 万円以上 1 億円未満	61%
3000 万円未満	49%

（出典：宮田矢八郎　1枚のシートで経営を動かす　ダイヤモンド社　P73
を参考に作成）

売上規模、経常利益ともその規模の増加に比例して経営理念の保有割合が高まっており両者の間に相関関係があることがうかがわれます。

　中小企業経営のあるべき姿に関する調査（経済産業省関東経済産業局　平成 22 年 3 月）の調査によれば活力ある中小企業（*3）は経営理念を明確化して実践していることが分かります。

(*3) この報告書で「活力ある中小企業」は、過去 10 年間の売上高経常利益率はおおむね 6 ％以上と定義されています。

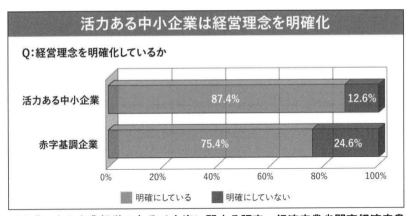

（出典：中小企業経営のあるべき姿に関する調査　経済産業省関東経済産業局　平成 22 年 3 月）

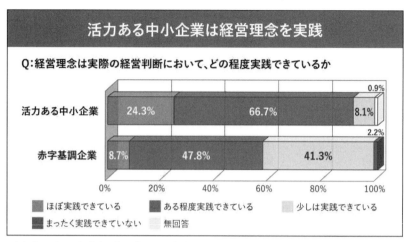

活力ある中小企業は経営理念を実践

Q:経営理念は実際の経営判断において、どの程度実践できているか

活力ある中小企業　24.3%　66.7%　8.1%　0.9%

赤字基調企業　8.7%　47.8%　41.3%　2.2%

0%　20%　40%　60%　80%　100%

■ ほぼ実践できている　■ ある程度実践できている　□ 少しは実践できている
■ まったく実践できていない　□ 無回答

（出典：中小企業経営のあるべき姿に関する調査　経済産業省関東経済産業局　平成 22 年 3 月）

　多くの企業、特に一定の規模を有する企業は自らの経営の基本的目標を示す経営理念を文章化しているといえますが、経営理念が企業の方向性にどのように影響するのか、企業業績との相関を見てみた資料として中小企業白書のデータがあります。少し古いデータではありますが内容的には普遍性を有すると考えられるため紹介させていただきます。

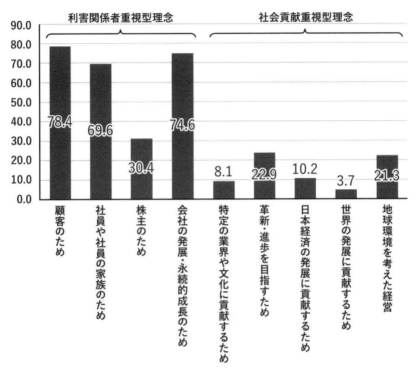

資料：中小企業庁「経営戦略に関する実態調査」(2002年11月)
　(注)複数回答のため、合計は100を超える。

　上の図によれば、中小企業の経営理念は「顧客のため」が
78.4％、「会社の発展・永続的成長のため」が74.6％、「社員や
社員の家族のため」が69.6％となっており、多くの企業がいわ
ゆる利害関係者（顧客・株主・従業員など）を重視した経営理念
を持っていることが分かります。これらを、1)利害関係者重視
型理念、2)社会貢献重視型理念に分類すると、回答企業の98％
の企業が利害関係者重視型理念を保有しており、社会貢献重視
型理念を保有するのは49％となっているため、これらを重複し
て保有する企業は47.4％となります。つまり、ほとんどの企業

は利害関係者重視型理念を有し、そのうち半数が社会貢献重視型理念もあわせて有している構造といえます。

　そこでこれらの経営理念が企業の方向性にどのように影響するのか、企業業績との相関を見てみたものが次頁の図になります。

「利害関係者重視型理念を有し、社会貢献重視型理念は有しない企業」は従業者数増加率にマイナスの影響があるのに対し、「社会貢献重視型理念を有する企業」は従業者数増加率にプラスの相関を示しており、成長を示す企業は社会貢献重視型理念を有するということを示唆していることが分かります。

　企業が利潤追求をその基本目的としているという観点に立つと、顧客、株主、従業員重視の姿勢だけでは企業の業績に結びつかないという結果は、多少説明困難なものと見えるかもしれません。しかしながら、人の集まりとしての企業を動かすためには、やはり、単なる利潤動機のみでは限界があるということは想像に難くないでしょう。とすれば、発展を目指そうとする中小企業にとって、企業単体の利潤という枠を超えたより崇高な目的を共有化することは、組織の強みとなりうる可能性を示唆しているものともいえます。

従業者数増加率(平均値からの乖離幅)
(%)

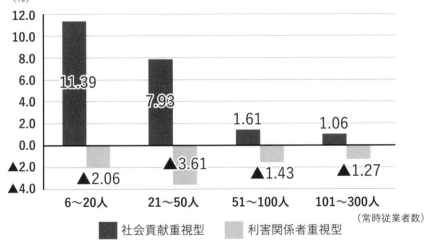

資料：経済産業省「企業活動基本調査」(1998年)再編加工、
　　　経済産業省、中小企業庁「商工業実態基本調査」(1998年)再編加工、
　　　中小企業庁「経営戦略に関する実態調査」(2002年11月)

2. 企業理念、経営理念の組織への浸透

　企業理念は企業として大事にしている考え方であり、経営理念は経営者が大事にしている考え方をいいます。その会社の価値観であり存在意義であり、存在する理由そのものでもあるといえます。

　パナソニックの創業者の松下幸之助氏は会社経営の成否の半分は経営理念の組織への浸透と仰っています。

　中小企業経営のあるべき姿に関する調査（経済産業省関東経済産業局　平成22年3月）の調査によれば活力ある中小企業では経営理念が社内に浸透していることが分かります。

　経営理念を最終的に「形にする」のは経営者のみならず、「従

業員一人ひとり」です。従って従業員が経営理念に従った判断・行動ができるようになるまで浸透することが大切であるといえます。

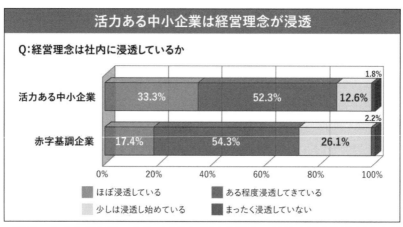

（出典：中小企業経営のあるべき姿に関する調査　経済産業省関東経済産業局　平成 22 年 3 月）

　また、経営理念には組織風土形成力があるともいわれます。新入社員は会社の組織風土に染まっていきます。良好な組織風土を整え、保つことは経営理念を浸透させる大前提になります。
　そして、この経営理念をベースにした企業の将来ありたい姿をビジョンといいます。このビジョンという、企業の将来ありたい姿を達成するために社員が一丸となって協力するためには「理念があるだけでなくその理念に社員が共鳴している」事が大変重要になります。
　企業理念、経営理念は企業の存在理由、経営者の使命感や価値観を表すもので企業の存在目的といえます。そしてビジョンはその会社のありたい姿をいい、そのビジョン達成のための方

策が戦略であり具体的な定性的、定量的手順が中期経営計画、短期経営計画であり企業の目標といえます。

　成長を続ける会社では、この企業の存在目的と企業の目標、この２つの言葉の意味と違いがしっかりと明確になっており、その内容もしっかりと共有されています。

　それではこの目的と目標の違いとは何なのでしょうか？

　目的とは簡単にいうと「何のために」仕事を行うのかという、意味や理由や動機を表す言葉です。先ほどのドラッカーの経営者に贈る五つの質問の一つ目「われわれのミッションは何か？」にあたります。

　一方で、目標とは、仕事を「いつまでに、何を、どこまで（または、どれくらい）」行うのかという、その取り組みそのものを指す言葉です。

　例えば、「来年までに税理士試験に合格する」というのは目標です。いつまでに、何を、どれくらい行うのかの視点だからです。

　では、その目的は何でしょうか？　目的は税理士試験に合格する理由です。

　もしかすると「一国一城の主として収入を得るため」という理由かもしれませんし「専門的な税理士の知識をベースにお客様に貢献するため」という理由かもしれません。あるいは、「国家財政の基盤を担う税理士という資格を活かして適正納税を支援し国家に貢献する」という社会的使命感かもしれません。

　目標は達成するもので、目的は追求し続けるものであり、「目

標」とは、その通過点であり、目的達成の手段のことです。

　当社の使命は「お客様を守り、豊かにし、成功に導く」ですが、社員がこの使命に共感して自分の行う仕事の目的をしっかり理解して仕事をする場合には、その目的を遂げるための手段は無限にあり創意工夫の余地も無限にあるといえます。

　一方で、その仕事をする意味をしっかり理解しないで行うのは、その仕事を行う意義を感じられず、やらされ感で仕事をする事になり、心理的にも疲弊してしまう事になります。

　多くの会社では、目標設定や目標達成に多くの時間を費やす一方で、この目的の部分をしっかりと社員で共有し理解するために必要な手間暇をかけていないのではないでしょうか？しかし中期経営計画や短期経営計画という目標に深い意味づけを行うのはその会社の目的である企業理念でありビジョンです。

　自分たちが何を追求し、どこに向かっているのかも分からないまま、目先の目標だけを達成するというのは、社員にとってはあまり「意義を感じられない作業」をやらされているという感覚にもなり得ます。目標だけを追えばそれはノルマになり、場合によっては目標を達成して燃え尽きてしまう事もありますが、目的に生き、目的に共感して仕事をすればそれは使命になり達成すべき目標は無尽蔵にあるといえるでしょう。

　従って、企業理念という会社の存在理由、目的を追求する、その道程を可視化するためにビジョンや中期経営目標を達成するという手順を踏むことが大変重要なのです。

　それではこの部分を理解するとなぜ組織が活性化するので

しょうか？

　ポイントの一つ目は、目的と目標の違いを明確に理解できるようになると社員一人ひとりに「自分なりの働くモチベーション」が生まれるからであり、自分が誰のために何のために何故働くのか、その意味が理解共感できるため、自分の仕事に心から向き合えるようになるのです。

　そして、ポイントの二つ目は、「社員自身が自分で考え、工夫できるようになる」ということで、社員同士が自分の仕事の意味を考えるようになると、自分なりに行動するようになります。そこには「社員自らが考え、工夫する」という、主体的な動きが出てくるのです。

　この、自分で考え工夫するという行動は社員の成長にも、会社の成長にも大きなプラスの影響をもたらしてくれます。

　会社の存在理由はその会社の企業理念にあります。成長し続ける会社の経営者や幹部は自社の存在理由を会社の企業理念やビジョンだけで済ませるのではなく、会社の企業理念やビジョンをベースとしたうえでしっかりと社員と一緒に考えメンバーに共有しているといえます。

　従って、企業理念とビジョン、そして中期経営計画、短期経営計画に一貫性を持たせて日々の行動計画に落とし込み、その行動を社員自身が自己評価し、自身で改善目標を設定してその改善目標をコツコツと達成する事が短期経営計画の達成、そしてその積み上げの上に中期経営計画、ビジョンの達成があり、それらを達成する事によって企業理念という目的を遂げる事が可能になるのです。成長を続ける会社では、目的と目標、こ

の二つの言葉の意味と違いがしっかりと明確になっており、その内容もしっかりと共有されています。

　経営理念は社員のモチベーションの源泉にもなります。社員は会社という器を通じて社会との接点を持ちます。自分の仕事が世のため人のためになっているという実感は社員の貢献の欲求を満たしモチベーションの源泉になるといえるでしょう。

　また、経営理念は経営戦略や経営戦術の源泉にもなります。私は税理士法人の経営もしていますが、AI や RPA 等のテクノロジーの進化、政府のイーガバメント政策も相まって会計業務や税理士業務の定型的な作業は将来的にはかなりの部分が自動化されていく事が予想されます。仮に、当社の事業は「税務業務」や「会計業務」であると定義をすれば、申告書作成や会計処理等の手続業務は、イーガバメント政策や AI 化、自動化がさらに進み、自ずと限界が見えてきてしまいます。しかし、当社の経営理念である「お客様の繁栄及び発展を徹底的に支援する」という目的に則して事業を考えればお客様の経営における課題、つまり売上や収益の課題、人事に関する課題、業績評価に関する課題、資金繰りに関する課題等々の解決に対するサポート業務はほぼ無限にあります。従って AI や RPA 等のテクノロジーが進化しても我々の業界の業務がなくなるわけではなく業務のやり方が変わるだけであり、その業務範囲はほぼ無限といえるでしょう。

3. 有名企業の経営理念

有名企業の経理理念をいくつか紹介致します。

・京セラの経営理念

全従業員の物心両面の幸福を追求すると同時に、人類、社会
の進歩発展に貢献すること。

・パナソニックの経営理念

綱領　産業人たるの本分に徹し社会生活の改善と向上を図
り世界文化の進展に寄与せんことを期す。

・アマゾン

地球上で最もお客様を大切にする企業であること。

・オムロン株式会社

われわれの働きで、われわれの生活を向上し、よりよい社会
をつくりましょう。

・株式会社リクルートホールディングス

私たちは、新しい価値の創造を通じ、社会からの期待に応え、
一人ひとりが輝く豊かな世界の実現を目指す。

4. 経営理念作成のワークシート

あなたの会社の経営理念は何ですか？

もし経営理念がないようであればこのワークシートで経営
理念を作成してみましょう。

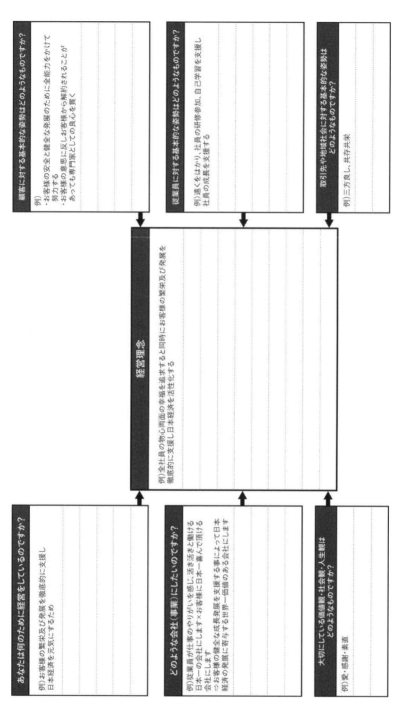

記入例は、当社のもの。（出典：社長の行動が未来を変える TKC 全国会創業・経営革新支援委員会編著 TKC 出版）

5. ケーススタディ

　経営理念を組織に落とし込む方法にはどのような方法があるのでしょうか?

　私も理念浸透には力を入れていますが昨年 12 月に日本生産性本部に依頼して無記名の社内アンケート（モラールサーベイ）を実施しました。その中の質問項目の一つである会社への共感に関しては他社平均 65.5 ポイントのところ、当社平均は 70.2 ポイントであり、社員が会社の理念やビジョンに対して共感している事がうかがえました。

　当社の理念浸透はまだまだ道半ばではありますが、私が経営理念を組織に落とし込むために常に心掛け、そして実践している事を説明すると以下の項目になります。

・経営理念の文書化　手帳の作成、社内への掲示、年間計画書への記載
・朝礼等での唱和と私と社員各人からの理念に関する訓話
・人事評価制度の評価項目（コンピテンシー）に企業理念を軸においた評価項目を設けて評価する
・経営計画発表会での社員アンケートに基づく理念体現者の表彰
・全社員と行っている定期的な 30 分程の個別面談で社員の仕事をする目的の確認と目標達成のために会社として支援できる事の確認
・理念浸透に関するＤＶＤを幹部と一緒に視聴して意見交換を行う

・理念浸透に関する外部研修に幹部と共に参加する

・モラールサーベイを実施して定点観測を行う

　先日ある理念浸透に関する研修で理念浸透の方策について経営者同士で話をした時に、「全社員と行っている 30 分程の定期個別面談で社員の仕事をする目的の確認と目標達成のために会社として支援できる事の確認」を行っているという話をしたら、ある経営者がすごく驚いていました。そしていわれたのが、忙しいのにどうやってそんな時間を確保するのですか？という質問でした。私は、「経営者なのですから自分で面談の時間を決めればできますよね」とお答えしたら「確かにその通りですね」という事でその経営者も納得され、社員との面談をしようと話をされていました。

　かくいう私も、実は創業間もなくの社員が４，５人の頃は社員と個別に面談をしていたのですが社員が増えるにつれて目先の仕事を行うようになって社員とのベクトル合わせを疎かにしていました。

　しかし、社員が増えてきたからこそ社員と個別に面談をする事が大事だという事に気がついて個別の面談を実践するようにしました。面談ではできるだけ私は話をしないで社員の話に耳を傾ける事、及び社員の目標達成を私がいかにサポートできるかを常に意識するようにしています。

　中小企業経営のあるべき姿に関する調査（経済産業省関東経済産業局　平成 22 年 3 月）では、経営理念浸透の工夫として参考になる資料が掲載されています。

＜参考＞経営理念浸透の工夫には次のようなものが挙げられます。

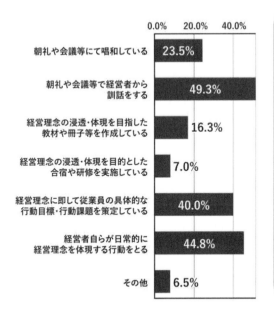

ポイント

➤ 「経営者自らが日常的に経営理念を体現する行動をとる」と同じく、「朝礼や会議で経営者から訓話をする」、「経営理念に即して従業員の具体的な行動目標・行動課題を策定している」への回答が多いです。

➤ 訓話は、経営者が伝えたいことを様々な角度から、そして相手ごとに工夫して伝えることも大切です。

➤ 経営理念を掲載した教材や冊子等を配布したままにするのではなく、日常的に携帯できるカードや手帳等に掲載して、経営理念を身近に感じてもらう等の工夫も効果的です。

（出典：中小企業経営のあるべき姿に関する調査　経済産業省関東経済産業局　平成 22 年 3 月）

（ローカルベンチマークと金融検査マニュアル廃止後の金融機関の融資審査の変化）

　ローカルベンチマークは、企業の経営状態の把握、いわゆる「健康診断」を行うツール（道具）として、企業の経営者や金融機関・支援機関等が、企業の状態を把握し、双方が同じ目線で対話を行うための基本的な枠組みであり、事業性評価の「入口」として活用されることが期待されるものです。

　具体的には、「参考ツール」を活用して、「財務情報」（六つの指標）と「非財務情報」（四つの視点）に関する各データを入力することにより、企業の経営状態を把握することで経営状態の変化に早めに気付き、早期の対話や支援につなげていくものです。

　非財務情報四つの視点は、①経営者、②事業、③企業を取り巻く環境・関係者、④内部管理体制となっており具体的な内容は次頁の表の通りです。

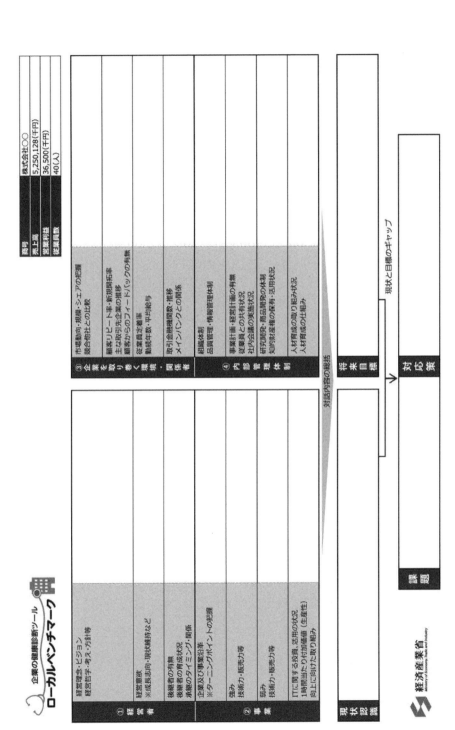

企業の健康診断ツール
ローカルベンチマーク

商号	株式会社○○
売上高	5,250,128(千円)
営業利益	36,500(千円)
従業員数	40(人)

① 経営者
- 経営理念・ビジョン
- 経営哲学・考え・方針等
- 経営意欲
- ※成長志向・現状維持特化など
- 後継者の有無
- 後継者の育成状況
- 承継のタイミング・関係
- 企業及び事業沿革
- ※ターニングポイントの把握
- 強み
- 技術力・販売力等
- 弱み
- 技術力・販売力等
- ITに関する投資、活用の状況
- 1時間当たりの付加価値（生産性）向上に向けた取り組み

② 事業

③ 企業を取り巻く環境・関係者
- 市場動向・規模・シェアの把握
- 競合他社との比較
- 顧客リピート率・新規開拓率
- 主な取引先企業の推移
- 顧客からのフィードバックの有無
- 従業員定着率
- 勤続年数・平均給与
- 取引金融機関数・推移
- メインバンクとの関係

④ 内部管理体制
- 組織体制
- 品質管理・情報管理体制
- 事業計画・経営計画の有無
- 従業員との共有状況
- 社内会議の実施状況
- 研究開発・商品開発の体制
- 知的財産権の保有・活用状況
- 人材育成の取り組み状況
- 人材育成の仕組み

対話内容の総括

現状認識

将来目標

現状と目標のギャップ

対応策

課題

経済産業省
Ministry of Economy, Trade and Industry

ところで、金融検査マニュアル廃止後の金融機関の融資審査プロセスは、企業の実質を捉え、未来的な視点で、全体重視の審査に変わるであろうと経営コンサルタント・中小企業診断士中村中氏はその著書（注）で述べられています。

　そしてこのローカルベンチマークの「非財務情報」（四つの視点）の内容を織り込んだ、金融機関の稟議書「SDGs・ロカベン・地域情報による稟議書」を私案として提言しています。

（注）中小企業の新しい資金調達　経営コンサルタント・中小企業診断士中村中著　ビジネス教育出版社

金融機関の融資審査の変化

		特徴
金融検査マニュアル廃止前	格付け審査（企業審査）	形式重視：客観性 過去計数重視：透明性（スコアリングシート） 部分重視：財務情報分析
金融検査マニュアル廃止後	資金ニーズ・動態審査（事業審査）	実質重視：個々の事業内容の評価 未来重視：将来見通し重視、経営計画 全体重視：定性要因分析

（出典：中小企業の新しい資金調達　経営コンサルタント・中小企業診断士中村中著　ビジネス教育出版社　P93 の表をもとに作成）

政府が進めるローカルベンチマークの活用推進や金融行政の変化を俯瞰すると、経営理念・ビジョンの策定、内部管理体制（事業計画の有無、人材育成の取り組み状況）の整備を政府が中小企業施策の重点課題として推進している点が読み取れます。

■　第1章のまとめ

・　売上規模、経常利益ともその規模の増加に比例して経営理念の保有割合が高まっており両者の間に相関関係がある
・　活力ある中小企業は経営理念を明確化して実践している
・　「社会貢献重視型理念を有する企業」は従業者数増加率にプラスの相関を示しており、成長を示す企業は社会貢献重視型理念を有している
・　成長を続ける会社では、企業の存在目的と企業の目標、この二つの言葉の意味と違いがしっかりと明確になっており、その内容も社員としっかりと共有されている

第 2 章

企業風土

　この章では企業風土とは何なのか、良い企業風土とは？　また悪い企業風土とは？　そして、企業風土は企業の業績に影響するのか？　という事を学びます。

1. 企業風土とは

　企業風土とはその企業の体臭というか、その会社を訪問した時に肌で感じる空気というか、雰囲気というか…、その企業独特なものがあります。企業を訪問した時に儲かっている会社かどうかは直感的に感じることができますし、社長と話をしたり、その会社の社員と話をすればその会社の空気は感じ取る事ができます。

(1) 企業風土は企業の業績に影響する

　良い企業風土を持つ会社は社内に活気があり、業績も好調です。

　一方、「電話の応対が悪い」「愚痴が多い」「笑顔がない」という会社では、得意先に悪影響を及ぼし、売上の増加どころか売上の低下を招く可能性が高いでしょう。

(2) 良い企業風土、悪い企業風土

　会社全体に活気があり、業績も好調な良い企業風土の会社がある一方で、下記のような悪い企業風土があれば一つひとつ改善していく事が重要です。

- ・ 電話の応対が悪い
- ・ 整理整頓ができていない
- ・ 人の意見を聞かない
- ・ 愚痴が多い
- ・ 言い訳が多い

- 社内のルールが守られない
- 人の悪口をいう

　企業風土は一朝一夕で形成されるものではなく、その企業の経営者や幹部の考え方や思考を色濃く反映したものですが、企業風土を形成しているのは経営者だけではなく幹部、そして全社員ですので、良い企業風土にする事を社員全員で意識する事がとても大事です。

(3) 組織風土調査、モラールサーベイによる企業風土の測定

　企業風土の改善は現在の企業風土をありのままに把握する事から始まります。

　企業風土調査、モラールサーベイによる企業風土測定のサービスを提供している企業は数多くありますので自社の企業風土調査を実施して改善すべき点を把握して実際に改善につなげる事が重要です。

2. ケーススタディ（実際の事例）

　実際の事例に触れる事は大事だと思いますのでここではあえて当社の事例を参考に公開させていただきます。

　当社では昨年の 12 月に日本生産性本部に無料経営診断を実施してもらいました。その診断項目の中の一つにモラールサーベイがあり、その結果が次頁のチャートになります。

（調査概要）

➤ 対象者：従業員 32 名

➤ 回収件数：29 名（回収率 90%）男性 13 名、女性 16 名

➤ 年齢層別：20・30 歳代 8 名、40 歳代 14 名、50 歳代 6 名、
60 歳代 1 名

➤ 質問構成：①会社への共感 　　　　　8 問

　　　　　　②労働時間・福利厚生 　　5 問

　　　　　　③評価・処遇 　　　　　　4 問

　　　　　　④給与 　　　　　　　　　3 問

　　　　　　⑤仕事の設計と配分 　　　5 問

　　　　　　⑥上司の管理・監督 　　　6 問

　　　　　　⑦同僚との関係 　　　　　5 問

　　　　　　⑧関係部署との関係 　　　4 問

　　　　　　⑨職場環境・物理的環境 　3 問

　　　　　　⑩仕事の充実 　　　　　　6 問

　　　　　　⑪仕事の負荷 　　　　　　6 問

　　　　　　⑫顧客との関係 　　　　　4 問

　　　　　　⑬能力開発 　　　　　　　4 問

　　　　　　⑭総合満足度 　　　　　　1 問

➤ 選択肢：5 段階で評価（分析は「3 どちらともいえない」を
50 として指数化）

➤ 他社平均：日本生産性本部の過去の調査 14,907 人分（業
界はランダム）の平均データを利用した

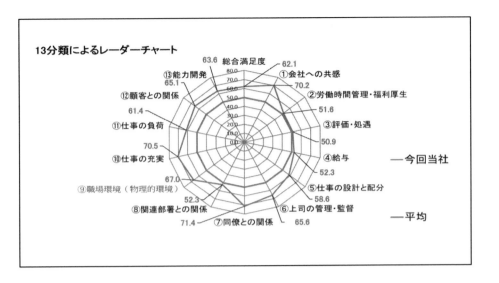

13分類によるレーダーチャート

(1) モラールサーベイのポジティブ事項

　ポジティブな内容についてその中身を分析すると「①会社への共感」、「⑦同僚との関係」、「⑩仕事の充実」の評価は 70 ポイント以上を獲得しており、従業員が会社の理念やビジョンに共感していること、同僚とはお互いに助け合って仕事ができている事、仕事に対してやりがいを感じていることが分かりました。特に「当社の経営目標とその実現方法は、社員に明示されている」という質問項目のポイントが 81.3 ポイントと最高ポイントになっており、ほぼ全社員が当社のあるべき姿と実現方法について理解し、やりがいと誇りを持って働いている事が数字上表れているといえます。

(2) モラールサーベイのネガティブ事項

　一方で、ネガティブな内容についてその中身を分析すると「②労働時間管理・福利厚生」、「③評価、処遇」、「④給与」、「⑧

関連部署との関係」が低い水準となっており、各領域において不満がある事が分かりました。特に「②労働時間管理・福利厚生」については他社平均を下回っており、現状の福利厚生制度では社員の満足感が得られていない事が分かりました。

「③評価・処遇」に関しては、人事評価制度が複雑であり、人事評価・処遇に対する社員の納得感が得られていない状況にありモチベーションの低下が懸念されました。

「④給与」に関しては、給与や賞与の決定の仕組みに納得しているについて低い水準となっており、評価・処遇と同様に社員の納得感が得られていない事が分かりました。

「⑧関連部署との関係」に関しては、部署間での連携に課題があると考えられました。

(3) まとめ及び課題解決に向けて実施したこと

全体の 70％以上の項目で他社平均と同等以上の結果が出ており、当社の従業員のモラール（モチベーション）は高いものと判断でき、従業員の企業理念・ビジョンへの共感、業務に対して高い志と誇りを持ってお客様のために仕事をしている事がうかがえるとの評価を得られました。

一方で人事評価・処遇に対する不満感があることや業務量が増加する中で適正な人員配置による業務改善を検討する事が必要であるとの評価でした。

これらを踏まえて、人事評価制度改善プロジェクトチームを立ち上げて各部門、拠点の社員の意見をヒアリングしたところ、意見の大要としては、評価者が忙しくてしっかり評価してもら

えていないという事でした。そこで、目標設定面談、中間面談、評価面談の面談時間をしっかりと確保して、評価者が被評価者との面談時間をしっかりと確保するという事を幹部が決意し、現在鋭意改善を進めています。

■　**第2章のまとめ**

・　企業風土は企業の業績に影響する

・　企業風土を形成しているのは経営者だけではなく幹部、そして全社員なので、良い企業風土にする事を社員全員で意識する事が重要

第 *3* 章

ビジョン、経営戦略、中長期経営計画

　この章では、ビジョン、経営戦略、中期経営計画の関係性が理解できます。また、中期経営計画策定のメルクマールが理解できます。

1. ビジョン、経営戦略、中長期経営計画の重要性

　ビジョンとは実現を目指す将来ありたい姿であり、意思ある将来の見通しの事をいいます。具体的には、3〜5年後までに達成すべき具体的な戦略目標をいい、会社のイメージ、業界でのポジション（順位・シェア等）、売上高や経常利益あるいは負債や自己資本の状況、従業員満足度など社長のイメージする将来像をいいます。

　働いている社員にしてみれば自分の会社がどこに向かっているのかが分からない、あるいは自分たちがどこへ行こうとしているのかが分からないとモチベーションを上げて仕事に取り組むことは難しいでしょう。一方で会社の目指している姿が、お客様への貢献であったり社会への貢献という事であれば自分たちの仕事は単なる金儲けではなく社会貢献なのだと考えて社員のモチベーションは上がるでしょう。

　次に経営戦略は経営理念に基づくビジョンを実現するための道筋や方策であり、中期経営計画は、経営戦略に基づく3〜5年の経営計画をいいます。

　ビジョン、経営戦略及び中期経営計画による経営目標の明確化は、企業活性化の条件の一つであるといえます。

　目標なき集団が活性化するはずがありません。目標なき組織に挑戦は存在せず、目標があればこそ革新が生まれる可能性があります。経営理念、ビジョンが明確になれば、企業の経営理念を実現するためにも、また企業の社会的責任を果たすためにも企業の規模に応じた適正利益が確保されなければなりませ

ん。従って企業の最低の目標は企業が確保しなければならない適正利益の額といえます。

　経営戦略の具体的な実行手順書が中期経営計画であり、中期経営計画で具体的な自社の将来像を実現するための具体的な行動を計画にします。

　経営計画を作成してもその通りにならないから作成しても仕方ないといって経営計画を作成しない経営者がいます。しかし、3年ないし5年の会社の中期経営計画で会社の向かうべき方向性を示さなければその会社の幹部や社員はどこを目指せば良いのか分からず毎日を成り行きに任せ、目の前に発生する事態に思いつきで対処し、惰性で仕事をすることになってしまいます。これでは会社の活性化は望めず糸の切れた凧のように惰性で会社経営がなされる事になってしまいます。

　企業理念、ビジョン達成のための具体的道筋が中期経営計画であれば、会社の置かれた外部環境、内部環境を分析して中期のあるべき姿を示しましょう。その目標を達成する事によってビジョンの実現が可能になり、企業理念という目的を遂げる事が可能になります。

　そして、この中期計画の初年度が短期経営計画、年度予算でありその目標達成のための行動を日々の行動に落とし込むことによって目標が達成されます。つまり日々の実践の成果である短期経営計画の達成そしてその積み重ねである中期経営計画を達成する事によってビジョンが実現し、企業理念という企業の目的を遂げる事ができるのです。

明確なビジョンは、社内の求心力を高め、社員のベクトルを合わせる効果があります。

　そして、ビジョンの実現に向かうための原動力が企業理念、経営理念、企業の使命、価値観であり、ビジョン実現のための方策が戦略といえます。

2.　中期経営計画の作成

　中期経営計画は経営戦略に基づく 3〜5 年の経営計画をいいます。経営計画は企業の進むべき方向性を示し、業績管理のベースになるものです。自社の経営が順調に進んでいるかどうかは、モノサシとなるべき経営計画がなければ的確には判断できません。また、経営者の思いを現実のものとするためには具体的な「形」にすることが不可欠です。つまり、経営者の夢を実現するための道具が経営計画といえます。

　ところで、
・あなたは 5 年後にご自身の会社をどのような会社にしたいですか？
・あなたは 5 年後に何歳になっていますか？
・5 年後の売上高はいくらでしょうか？
・社員数は何人になっていますか？
・新しい事業を始めているのでしょうか？
・後継者は決まっていますか？

お分かりだと思いますが自社の将来像についてご自身のライフプランも含めてイメージする事がとても大事です。

　このようなイメージを具体的な数字に置き換える事が必要になりますが、中期経営計画における5年先の自社の数字的なイメージは果たしてどのように描けば良いのでしょうか？

　もちろん目標とする内容によっては10年先あるいは20年先の目標になるかも知れませんがイメージする事が大事ですので是非考えてみてください。

　中期経営計画の目標値を定めるものとして三つを説明したいと思います。

・自社の現状からの目標利益（実体的アプローチ）
・適正利益をベースにした目標の設定
・財務的な視点であるべき将来像から逆算した目標の設定

　なお、経営者の個人保証の解除を念頭に信用保証協会が示す経営者保証を不要とする保証の財務要件の充足を目標にすること（P69参照）、あるいは事業承継を検討中の方は、経営者保証を不要とする新たな信用保証制度（事業承継特別保証制度）の要件充足（P173参照）を目標にしても良いかもしれません。

（1）自社の現状からの目標利益（実体的アプローチ）

　自社の資金繰り状況（借入金の年間返済金額）から必要とされる利益をもとに目標値を定めます。

　年間の返済可能目標税引後利益＝借入金年間返済額＋保険積立金等の資産計上額－減価償却費

あるいは、

年間の返済可能目標税引前利益＝（借入金年間返済額＋保険積立金等の資産計上額－減価償却費）÷65%（税率35%の場合）

なお、売上高の目標値を求める算式は以下の通りです。

・借入金返済額＞減価償却費の場合

収支分岐点売上高＝〔固定費＋（（借入金返済額－減価償却費）÷（100%－税率））〕÷　限界利益率

・借入金返済額≦減価償却費あるいは税引前利益を超える繰越欠損金がある場合

収支分岐点売上高＝〔固定費＋（借入金返済額－減価償却費）〕÷限界利益率

（計算例）

例えば、A社の状況は以下の通りです。

年間の固定費3億円、年間借入金返済額1千2百万円、年間減価償却費2百万円、限界利益率60%、税率35%

収支分岐点売上高＝[年間の固定費3億円＋（（年間借入金返済額1千2百万円－年間減価償却費2百万円）÷（100%－税率35%））]÷限界利益率60%＝525,641,025円

もしかすると無借金経営を目指すという方もいるかもしれません。上記の事例で仮に借入金残高が6千万円で5年間毎年1千2百万円返済すれば5年で無借金経営になるという事です。

不動産賃貸業等の長期固定資産を有する業種以外の場合には、債務償還年数は10年未満が望ましいと金融機関は考えていますのでこの点は留意する必要があります。

(2)適正利益をベースにした目標の設定

企業経営を行う上での適正利益とはどのくらいの水準をいうのでしょうか？

適正利益がなければ、昇給・賞与原資を確保できない、機械設備等の未来投資もできないなどの現象を招いてしまいます。ここでは、企業を存続・発展させるために必要な適正利益の参考として令和2年度のTKC経営指標の業種別大分類の総資本経常利益率、売上高経常利益率、労働分配率、一人当り人件費、自己資本比率を示します。自社の将来像も踏まえて自社の目指すべき目標数値を定めていただければと思います。

業種	総資本経常利益率		売上高経常利益率		労働分配率		1人当り年人件費（千円）		自己資本比率	
	優良企業平均	黒字企業平均	優良企業平均	黒字企業平均	優良企業平均	黒字企業平均	優良企業平均	黒字企業平均	優良企業平均	黒字企業平均
全産業	14.5%	5.3%	10.8%	4.7%	48.5%	51.3%	5,535	4,188	65.4%	42.9%
建設業	15.2%	7.0%	10.7%	5.5%	49.3%	52.6%	5,913	5,422	63.8%	44.9%
製造業	13.6%	5.5%	13.3%	5.7%	46.8%	52.4%	5,556	4,680	67.0%	47.4%
卸売業	13.5%	4.4%	7.2%	2.7%	41.6%	48.7%	5,931	4,780	62.1%	41.6%
小売業	14.0%	4.5%	6.4%	2.5%	43.9%	50.3%	4,520	3,461	65.7%	42.2%
宿泊飲食サービス業	16.7%	4.7%	10.0%	4.0%	46.9%	49.8%	3,818	2,312	66.2%	35.2%

（出典：令和2年度 TKC経営指標より作成）

(3) 財務的な視点であるべき将来像から逆算した目標の設定

　貸借対照表は、いわば会社の履歴書であり過去の経営の蓄積が表現されます。

　さて、あなたの会社の自己資本比率は何パーセントでしょうか？

　自己資本比率＝自己資本（注）÷総資産
　（注）自己資本は、資本金＋資本剰余金＋利益剰余金

　この算式で自己資本比率を求めてみましょう。

　自己資本比率が小さいほど、他人資本の影響を受けやすい不安定な会社経営を行っていることになり、財務基盤は脆弱といえます。一方で、自己資本比率が高いほど財務基盤が盤石で経営は安定し、倒産しにくい会社となります。自己資本比率は会社経営の安定性を表す数値であり、高いほど財務基盤が盤石といえます。

　ところで自己資本比率はどのくらいを目指すべきなのでしょうか？　一般に自己資本比率が70％以上なら理想企業、40％以上なら倒産しにくい企業といわれます。

　令和2年度版のTKC経営指標の全産業、全企業の自己資本比率を見てみると、優良企業で65.4％、黒字企業平均で42.9％、欠損企業平均で6.3％、全企業平均で34.5％となっています。自己資本比率は高いほど良いですが、まずは40％を目指したいところです。

優良企業、黒字企業平均、欠損企業平均、全企業平均の貸借対照表をイメージするとp58〜p59のようになります。

優良企業平均 （14,323 社）

（単位：千円）

流動資産 194,515	現金預金 114,139	流動負債 62,499	買入債務 23,405
			短期借入金 7,770
			その他 31,324
		固定負債 35,975	長期借入金 27,199
			その他 8,776
	売上債権 49,596	純資産 186,429 自己資本比率 65.4%	
	棚卸資産 19,734		
	その他 11,046		
固定資産 90,388			

自己資本比率 65.4%　　運転資金 45,925 千円

欠損企業平均 （113,041 社）

（単位：千円）

流動資産 44,672	現金預金 17,243	流動負債 35,867	買入債務 8,881
	売上債権 12,705		短期借入金 15,738
	棚卸資産 9,568		その他 11,248
	その他 5,156		
固定資産 56,477		固定負債 58,938	長期借入金 46,239
			その他 12,699
		純資産 6,343	自己資本比率 6.3%

自己資本比率 6.3%　　運転資金 13,392 千円

黒字企業平均（133,482 社）

（単位：千円）

流動資産 150,708		現金預金	70,647	流動負債 81,245	買入債務	27,038
					短期借入金	26,741
					その他	27,466
		売上債権	42,542	固定負債 85,008	長期借入金	69,255
		棚卸資産	24,856			
		その他	12,663		その他	15,753
固定資産	140,273			純資産	124,728 自己資本比率 42.9%	

自己資本比率 42.9%　　運転資金 40,360 千円

全企業平均（246,523 社）

（単位：千円）

流動資産 102,086		現金預金	46,159	流動負債 60,438	買入債務	18,712
		売上債権	28,861		短期借入金	21,695
					その他	20,031
		棚卸資産	17,846	固定負債 73,054	長期借入金	58,701
		その他	9,220			
					その他	14,353
固定資産	101,849			純資産	70,443 自己資本比率 34.5%	

自己資本比率 34.5%　　運転資金 27,995 千円

さてあなたの会社はどのタイプに近いですか？

　自己資本比率が高くなるとどういう会社になるでしょうか？　自己資本比率の増加は、他人資本、つまり金融機関からの借入金の減少を意味します。借入金に依存した資金繰りからの卒業です。銀行から資金を調達しないかぎり「手形が落ちない」「支払いができない」「給料が払えない」状態から抜け出せば、資金繰りが楽になり、経営は安定して倒産しない会社となります。また事業承継もしやすくなるといえるでしょう。

　逆に、自己資本比率が小さく、借入金に依存した経営を行っている会社は資金繰りが厳しく、倒産して借入金が返済できない可能性も考えられるので金融機関も融資を控えるようになります。つまり、自己資本比率の小さい会社は金融機関の格付けが低く、資金調達が難しくなります。

　自己資本比率が高くなれば、金融機関の格付けも高くなり会社の信用アップにつながるのです。自己資本比率を高めるためには、税引後純利益の蓄積である利益剰余金を増加させることで分子である自己資本を増加させるか、固定資産や売上債権、在庫の回転期間をコントロールして減らして分母である総資産を減少させることが必要となります。

　財務基盤を強化して倒産しづらい会社にすることは大変重要なことです。自社の現在の自己資本比率を計算して自己資本比率が40％に満たない場合には自己資本比率40％を何年後に

達成するかを決めて逆算して毎年の目標を定める方法も良いでしょう。既に自己資本比率40%を達成している場合にはさらに高い目標値を定めて計画をしてみましょう。

　例えば、単純な事例で、A社は社員10名で、自己資本は今期4,000万円で、自己資本比率20%でした。A社の自己資本比率を5年間で20%から40%に上げるためには、どうしたら良いでしょうか？

　自己資本を5年後に8千万円にするのですから現在より4千万円増やす必要があります。この4千万円を5年で割ると毎年800万円の税引後利益が必要になります。税引前利益では800万円÷（1－税率35%）＝約1,231万円の利益を獲得すれば5年後に目標を達成する事が可能な計算になります。

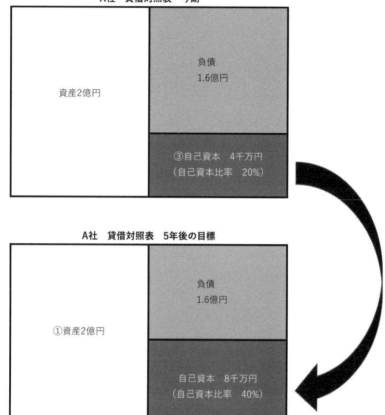

A社　貸借対照表　今期

資産2億円

負債
1.6億円

③自己資本　4千万円
（自己資本比率　20%）

A社　貸借対照表　5年後の目標

①資産2億円

負債
1.6億円

自己資本　8千万円
（自己資本比率　40%）

　A社は社員10名で、自己資本は今期4,000万円で、自己資本比率20%でした。
　A社の自己資本比率を5年間で20%から40%に上げるためには、
①資産2億円×5年後の自己資本比率40%＝②8,000万円
②8,000万円－③今期の自己資本4,000万円＝④4,000万円
④4,000万円÷5年間＝⑤800万円
⑤800万円÷10人＝80万円
年間に社員1人当たり80万円の自己資本アップが必要です。
したがって、税率35%の場合、社員1人当たり約123万円（月に約10万円）の経常利益を増やさなければなりません。

コラム1　企業タイプ別金融機関との付き合い方

　少し横道にそれますが企業タイプ別の金融機関とのお付き合いで留意すべき点をいくつかお伝えします。なお、借入先が日本政策金融公庫のみの場合には、民間金融機関つまりメガバンク、地銀、信金等からも融資を受けておいたほうが良いです。

　何故かというと日本政策金融公庫、保証協会を含む公的金融機関と民間の金融機関ではその機能に違いがあるからです。

　公的金融機関の融資は、社会政策的な融資を取り扱い、融資の金額・融資期間・資金使途が明確になっており、融資目線は低くなっています。融資に関する情報はHP等でも一般に開示され企業は融資条件に該当すれば機械的に申し込む事が可能で、融資実行の可否もある程度予想がつきます。

　一方で民間金融機関は、融資の実行に際して企業全体の財務内容や損益・収支などを検討して、成長政策的な融資をメインとしています。

　短期継続融資や手形の割引など短期融資にも柔軟に対応し、必要に応じて企業への助言・相談・ビジネスマッチングなどの情報も提供してくれます。

・優良企業あるいは赤字ではない企業

　優良企業あるいは赤字ではない企業の場合には、金利引下げ、短期間での保証解除、正常運転資金の短期継続融資（疑似資本）への組替を検討します。なお、金融機関との交渉は必ず書面で行うようにします。

ここでは正常運転資金の短期継続融資（疑似資本）への組替について簡単に説明します。

　短期継続融資利用先が赤字を計上した場合、書替えが継続している手形貸付等（「短期継続融資」）について、正常運転資金を超える部分は不良債権に当たるかどうかの検証が必要、との考え方を金融検査マニュアル別冊〔中小企業融資編〕（事例19）で示したため、金融機関は運転資金を中長期の証書貸付契約に切り替えてきました。

　こうした経緯を踏まえ、平成27年1月、金融庁では、金融検査マニュアル別冊〔中小企業融資編〕に新たな事例（事例20）を追加し、以下の趣旨を明確化しました。

　①正常運転資金に対して、「短期継続融資」で対応することは何ら問題ない。

　②「短期継続融資」は、無担保、無保証の短期融資で債務者の資金ニーズに応需し、書替え時には、債務者の業況や実態を適切に把握してその継続の是非を判断するため、金融機関が目利き力を発揮するための融資の一手法となり得る。

　③正常運転資金は一般的に、卸・小売業、製造業の場合、「売上債権＋棚卸資産－仕入債務」とされているが、業種や事業によって様々であり、また、ある一時点のバランスシートの状況だけでなく、期中に発生した資金需要等のフロー面や事業の状

況を考慮することも重要である。

　短期継続融資への対応は一部金融機関では積極的に取り組んでいる印象ですがまだまだ金融機関によって温度差があるため中期経営計画を作成し、毎月の予算実績差異報告をタイムリーに提出することで短期継続融資への道が開かれます。

　次頁の貸借対照表と損益計算書は BAST の全産業、全企業のうち黒字企業 133,482 社の平均額のデータで作成したものです。
　簡易キャッシュフローで見た年間の借入金返済原資は 17,748 千円で仮に短期借入金が 1 年内に返済する借入金である場合には 8,993 千円の資金不足が生じてしまいます。

	（単位：千円）
売上高	325,172
変動費	182,932
限界利益	142,240
人件費	72,956
固定費	54,236
うち減価償却費	7,967
税引前利益	15,048
税金	5,267
税引後利益	9,781
減価償却費	7,967
借入金返済原資	17,748
短期借入金返済	26,741
資金過不足	**-8,993**

（単位：千円）

流動資産	150,708	現金預金	70,647	流動負債	81,245	買入債務	27,038
						短期借入金	26,741
						その他	27,466
		売上債権	42,542	固定負債	85,008	長期借入金	69,255
		棚卸資産	24,856				
		その他	12,663			その他	15,753
固定資産	140,273			純資産		124,728 自己資本比率 42.9%	

業種名	全産業		
売上規模	全企業		
業績区分	黒字企業平均 133,482 件		
総資産	290,981	負債・資本計	290,981

そこで、正常運転資金の短期継続融資（疑似資本）への組替を金融機関と交渉して組替が完了すると資金繰りは下記の通りに改善します。

（単位：千円）

現状				
借入金返済原資	17,748	短期借入金	26,741	
短期借入金	26,741	長期借入金	69,255	
資金過不足	**-8,993**	計	95,996	
		運転資金	40,360	

正常運転資金を短期継続融資（疑似資本）に組替				
短期借入金返済原資		17,748	短期借入金	40,360
長期借入金	55,636		長期借入金	55,636
返済期間（年）	5		計	95,996
年間返済金額	11,127	11,127		
資金余剰		6,621		

資金繰り改善効果	15,614

・赤字企業

　赤字企業の場合には、まずは融資獲得が優先事項になります。状況によっては認定支援機関による経営改善計画策定支援事業を利用して金融機関への返済条件等を変更し、資金繰りを安定させながら経営改善を図ることも重要です。また、長期的には中期経営計画をベースに定期的なモニタリングを前提に個人保証解除の獲得も視野に入れることも大事です。

コラム2　経営者保証ガイドラインに沿った経営者個人保証の解除

　経営者保証に関するガイドラインが平成25年12月に公表されてかなり時間が経ちますが、経営者個人の保証解除は企業側から積極的に動かないと保証解除はなされないのが実情のようです。下記の三つの要件を満たすことで、経営者の個人保証のない融資の可能性がありますので金融機関に交渉する事をおすすめします。

①法人個人の一体性の解消（例：法人から経営者への貸付等による資金の流出の防止等）

②財務基盤の強化（例：業績が堅調で十分な利益（キャッシュフロー）を確保し内部留保が十分な場合等）

③適時適切な情報開示等（例：本決算の報告のほか試算表、資金繰り表等の定期的な開示等）

　上記の内容について外部専門家による検証を受けることが望ましい。（出典：経営者保証に関するガイドライン4項（1）、Q&A4 － 1～7の内容を要約）

　また、信用保証協会は、直近決算期において特定社債保証制度（私募債）と同様の財務要件を満たしていることを条件に経営者保証を不要とする保証の取扱いをすることができるとしており、この指標を中期計画等の目標としても良いと考えます。

項目	基準【1】	基準【2】	基準【3】	充足要件
①純資産額	5千万円以上3億円未満	3億円以上5億円未満	5億円以上	必須要件
②自己資本比率	20%以上	20%以上	15%以上	ストック要件（1つ以上充足）
③純資産倍率	2.0倍以上	1.5倍以上	1.5倍以上	
④使用総資本事業利益率	10%以上	10%以上	5%以上	フロー要件（1つ以上充足）
⑤インタレスト・カバレッジ・レシオ	2.0倍以上	1.5倍以上	1.0倍以上	

②自己資本比率＝純資産の額÷（純資産の額＋負債の額）×100

③純資産倍率＝純資産の額÷資本金

④使用総資本事業利益率＝（営業利益＋受取利息・受取配当金）÷資産の額×100

⑤インタレスト・ガバレッジ・レシオ＝（営業利益＋受取利息・受取配当金）÷（支払利息＋割引料）

コラム3　早期経営改善計画、経営改善計画策定支援事業

1．早期経営改善計画策定支援事業

　現況のコロナ禍及びアフターコロナを踏まえて中小企業・小規模事業者の経営者は経営改善への意識を高めて、経営力を高めるべく事前対応を進めることが極めて重要です。

　早期経営改善計画の策定は、資金繰り管理や採算管理などの基本的な内容の経営改善の取り組みを必要とする中小企業・小規模事業者を対象としております。概要としては、認定支援機関が資金実績・計画表やビジネスモデル俯瞰図といった内容の経営改善計画の策定を支援し、計画を金融機関に提出することを端緒にして自己の経営を見直すことにより、早期の経営改善を促すものです。

　早期経営改善計画策定の特徴は以下の通りです。
①条件変更等の金融支援を必要としない、簡潔な計画である
②計画策定から1年後、フォローアップで進捗を確認できる
③計画を策定することで自社の状況を客観的に把握できる
④必要に応じ本格的な経営改善や事業再生の支援策を紹介してもらえる

　特に下記に該当する場合にはおすすめです。
・ここのところ、資金繰りが不安定だ
・よく分からないが売上げが減少している
・自社の状況を客観的に把握したい

・専門家等から経営に関するアドバイスが欲しい

・経営改善の進捗についてフォローアップをお願いしたい

　中小企業・小規模事業者が認定支援機関に対し負担する早期
経営改善計画策定支援に要する計画策定費用及びフォローア
ップ費用について、経営改善支援センターが、3分の2（上限
20万円）を負担します。

２．経営改善計画策定支援事業

　借入金の返済負担等、財務上の問題を抱えており金融支援が
必要な中小企業・小規模事業者の多くは、自ら経営改善計画等
を策定することが難しい状況です。

　こうした中小企業・小規模事業者を対象として、中小企業経
営強化支援法に基づき認定された経営革新等支援機関（以下
「認定支援機関」という）が中小企業・小規模事業者の依頼を
受けて経営改善計画などの策定支援を行うことにより、中小企
業・小規模事業者の経営改善を促進する事業です。

（事業概要）

　金融支援を伴う本格的な経営改善の取り組みが必要な中小
企業・小規模事業を対象として、認定支援機関が経営改善計画
の策定を支援し、経営改善の取り組みを促すものです。中小企
業・小規模事業者が認定支援機関に対し負担する経営改善計画
策定支援に要する計画策定費用及びフォローアップ費用につ
いて、経営改善支援センターが、3分の2（上限２００万円）

を負担します。

■　第3章のまとめ

- ビジョン、経営戦略及び中期経営計画による経営目標の明確化は、企業活性化の条件の一つである
- 目標なき組織に挑戦は存在せず目標があればこそ革新が生まれる可能性がある
- 中期経営計画の目標値を定めるもの三つ
  ①自社の現状からの目標利益（実体的アプローチ）
  ②適正利益をベースにした目標の設定
  ③財務的な視点であるべき将来像から逆算した目標の設定

第4章

短期経営計画と
業績検討会

　この章では、経営幹部を巻き込みながら予算を作り、実行に移し、実績と比較・分析し、それをどう次につなげるかという PDCA サイクルの回し方を見ていきます。予算作りに当たっては設例も用意しているので、実際に自社の数字や状況を当てはめながら読み進めていくとよいでしょう。

1. 幹部を育て、経営に巻き込もう

——もし社長が倒れたら、代わりに会社を任せられる人はいますか？

この質問に自信をもって答えられる中小企業の経営者はほとんどいないでしょう。ここでいう「代わりに会社を任せられる人」とは経営幹部のことであり、後継者と全く同一ではありません（もちろん、経営幹部は後継者になり得ます）。また、仮に口では任せられる人がいたとしても、次のような状態だと実質的に経営幹部がいないといえるでしょう。

・ 見積書や請求書の発行なども全て社長がやっている
・ どんな細かいことでも社長の決済や許可が必要
・ 会社の業績を知っているのは社長だけ

こうなると会社のことが分かるのは社長だけになり、本来は社長がしなくてもよい目の前の業務に追われてしまいます。そのような会社の成長は頭打ちになり、時代の変化についていけなくなるかもしれません。

それを解決する一つが、経営幹部の存在です。

会社の業務を任せられる経営幹部がいれば、社長は会社の将来について考えたり、トップセールスに出かけたり、更なる会社の成長のために時間を割けるようになります。また、経営幹部から新たな示唆を得ることで社長の視野も広がりますし、社長がカバーしきれない従業員のフォローを経営幹部が担うことで会社の安定にもつながります。

もちろん、はじめは任せることが怖いでしょう。特に創業社長であれば会社は自分の分身であり、その体の一部を人に渡すようなものですから。ただ、会社と社長が一体でなくなった時にはじめて、会社は大きくなることができるのです。

会社の価値をボールで表すとします。会社の価値が高ければ高いほどボールは大きくなります。バスケットボールくらいの大きさなら社長一人が抱えて走ることもできます。周りの景色もよく見えるので、走るべき方向も見当がつきます。

　ただ、だんだんボールが大きくなり、大玉転がしの玉くらいになると支えることで精一杯になります。周りを見る余裕もなくなり、目の前の一歩を進めることしかできません。歩みも遅くなります。そして、社長がいくら力持ちでも、その支える力にはいつか限界がきます。社長が倒れたら、ボールを支える人はいなくなります。

　経営幹部がいればどうでしょう。一人でもいれば、大玉転がしの玉も容易に支えることができるはずです。その力は経営幹部の数が多いほど、それぞれの力が強いほど大きくなります。誰かが倒れたとしても、他の幹部たちが支えることができます。つまり、社長が支えなくてもいいので、先頭に立って進むべき道をガイドすることもできますし、道を整備することだってできます。また、ボールを客観的に見ることで新たな発見もすることでしょう。

このように会社の成長には経営幹部の存在が欠かせません
が、多くの中小企業には経営幹部と呼べる人材がいないことも
事実です。いないならば、育てるまでです。社長が目を付けた
幹部（もしくは幹部候補）を経営に巻き込んで、経営幹部を育
てましょう。そのためには、予算作りと業績検討会への参加、
それに人事評価制度を取り入れることが非常に効果的です。

事業継承の課題

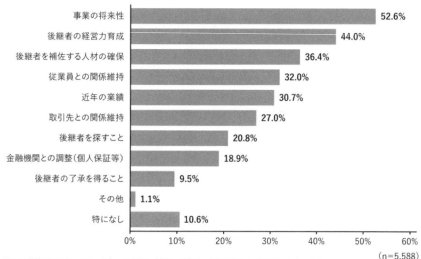

資料：(株)東京商工リサーチ「中小企業の財務・経営及び事業継承に関するアンケート」
(注)複数回答のため、合計は必ずしも100%にならない。

（出典：2021 年度版中小企業白書 p488）

2. まずは会社の今を知る

　古代ギリシャに「汝自身を知れ」という言葉がありますが、会社についてもまず自社がどのような状況にあるのかを知ることが大切です。そのためには様々な項目や指標がありますが、まずは財務諸表から把握することが王道かつ近道です。財務諸表とは、会社の財産状態を表す貸借対照表、売上から利益を計算する損益計算書、現預金の流れを表すキャッシュ・フロー計算書から成りますが、これらに利益構造を表す変動損益計算書を含めた四つを参考にすると良いでしょう。貸借対照表からは会社の安定度が分かります。損益計算書からは事業がうまくいっているかが分かります。キャッシュ・フロー計算書からはお金をどうやって得て、どう使ったのかが分かります。変動損益計算書からは事業の効率や稼ぐべき売上が分かります。

貸借対照表

資産の部			負債の部		
	【流動資産】	15,300,000		【流動負債】	16,000,000
	現金預金	10,000,000		買掛金	3,000,000
	売掛金	2,000,000		未払金	1,000,000
	貸倒引当金	▲ 200,000		未払費用	2,000,000
	未収入金	1,000,000		短期借入金	10,000,000
	前払費用	500,000		【固定負債】	21,000,000
	商品	2,000,000		長期借入金	20,000,000
	【固定資産】	127,000,000		長期未払金	1,000,000
	有形固定資産	125,000,000			37,000,000
	建物	20,000,000	純資産の部	【株主資本】	
	機械装置	3,000,000		資本金	100,000,000
	車両運搬具	2,000,000			
	土地	100,000,000		利益剰余金	
	無形固定資産	700,000		その他利益剰余金	5,300,000
	ソフトウェア	500,000		繰越利益剰余金	5,300,000
	営業権	200,000			
	投資その他の資産	1,300,000			
	投資有価証券	1,000,000			
	敷金	300,000			105,300,000
		142,300,000			142,300,000

損益計算書

【売上高】	
売上高	10,000,000
売上値引高	50,000
売上高計	9,950,000
【売上原価】	
期首棚卸高	1,500,000
当期仕入高	7,000,000
期末棚卸高	2,000,000
売上原価	6,500,000
売上総利益	3,450,000
【販売費及び一般管理費】	
給料手当	800,000
広告宣伝費	300,000
地代家賃	600,000
減価償却費	500,000
⋮	
雑費	1,000
販売管理費計	3,000,000
営業利益	450,000
【営業外収益】	
受取利息	1,000
受取配当金	20,000
営業外収益計	21,000
【営業外費用】	
支払利息	20,000
雑損失	1,000
営業外費用計	21,000
経常利益	450,000
【特別利益】	
有価証券売却益	100,000
特別利益計	100,000
【特別損失】	
固定資産売却損	50,000
特別損失計	50,000
税引前利益	500,000
法人税等	130,000
法人税等調整額	20,000
当期純利益	350,000

変動損益計算書

【売上高】	
売上高	10,000,000
売上値引高	50,000
売上高計	9,950,000
【変動費】	
当期仕入高	7,000,000
棚卸増減	▲ 1,000,000
外注費	500,000
変動費計	6,500,000
限界利益	3,450,000
【固定費】	
人件費	800,000
広告宣伝費	300,000
地代家賃	600,000
減価償却費	500,000
⋮	
営業外収益	▲ 21,000
営業外費用	21,000
その他固定費	100,000
固定費計	3,000,000
経常利益	450,000

キャッシュフロー計算書

【営業活動によるキャッシュフロー】	
当期純損益金額	350,000
減価償却費	500,000
売上債権の増減	1,000,000
棚卸資産の増減	▲ 1,000,000
仕入債務の増減	500,000
法人税等の支払額	▲ 130,000
⋮	
営業活動によるキャッシュフロー合計	2,000,000

【投資活動によるキャッシュフロー】	
有価証券の取得による支出	▲ 1,000,000
有価証券の売却による収入	2,000,000
有形固定資産の取得による支出	▲ 15,000,000
有形固定資産の売却による収入	500,000
⋮	
投資活動によるキャッシュフロー合計	▲ 10,000,000

【財務活動によるキャッシュフロー】	
借入金の借入による収入	10,000,000
借入金の返済による支出	500,000
⋮	
財務活動によるキャッシュフロー合計	10,000,000
現金及び現金同等物の増減額	2,000,000
現金及び現金同等物の期首残高	8,000,000
現金及び現金同等物の期末残高	10,000,000

ただ、これらの資料をある一時点だけ見たのではあまり意味はありません。過年度の推移から自社がどのような経緯をたどってきたかという縦の目線と、同業他社と比べてどのような状況であるかという横の目線をもって、自社の現状を把握すると良いでしょう。

●縦の目線（3期比較グラフ）…売上高、原価率、営業利益率、営業利益、経常利益率、経常利益、労働分配率など

　横の目線（BAST）…原価率、営業利益率、労働分配率、自己資本比率、売上高人件費率、借入比率など

3期損益推移表

（千円）

	2017年9月期		2018年9月期		2019年9月期		黒字平均
売上高	15,239		20,407	↗	40,644	↗	
売上原価	0	0.0%	0	0.0%	0	0.0%	
売上総利益	15,239	100.0%	20,407	100.0%	40,644	100.0%	
販管費	9,000		21,049		45,546		
外注費	1,569		5,756	↗	12,721	↗	
限界利益	13,670	89.7%	14,650	71.8%	27,923	68.7%	75.8%
人件費	5,023		12,768	↗	21,104	↗	
労働分配率	36.7%		87.1%	↗	75.6%	↘	68.4%
広告宣伝費	502		287	↘	1,561	↗	
地代家賃	524		524	→	3,375	↗	
交際費	100		315	↗	1,401	↗	
減価償却費	0		0	→	83	↗	
営業利益	6,239	40.9%	▲642	-3.1%	▲4,903	-12.1%	5.4%
営業外収益	0		0	↘	0		
営業外費用	10		17	↗	144	↗	
経常利益	6,228	40.9%	▲659	-3.2%	▲5,046	-12.4%	6.0%
税前利益	0		341	↗	▲5,093	↘	
損益分岐点売上高	8,295		21,325	↗	47,989	↗	
損益分岐点比率	45.6%		-4.5%	↘	-18.1%	↘	8.0%

※黒字平均：売上高0.5億円〜1億円の受託開発ソフトウェア業

3期経営状態推移

	2017年9月期		2018年9月期		2019年9月期		黒字平均
営業CF	6,239		510	↘	▲1,847	↘	
投資CF	0		0	→	▲621	↘	
財務CF	0		839	↗	4,881	↗	
キャッシュフロー	6,239		1,349	↗	2,413	↗	
期末現預金	500		1,849	↗	4,262	↗	
借入金	2,500		3,356	↗	8,380	↗	
必要運転資金	1,100		3,502	↗	4,147	↗	
売掛債権	1,100		3,502	↗	4,147	↗	
在庫	0		0	→	0	→	
仕入債務	0		0	→	0	→	
売上回転月数	0.9ヶ月		2.1ヶ月	↗	1.2ヶ月	↘	1.7ヶ月
在庫回転月数	0.0ヶ月		0.0ヶ月	→	0.0ヶ月	→	1.4ヶ月
仕入回転月数	0.0ヶ月		0.0ヶ月	→	0.0ヶ月	→	0.3ヶ月
従業員数	2		3	↗	5	↗	
売上高/人	7,619		6,802	↘	8,129	↗	9,967
限界利益/人	6,835		4,883	↘	5,585	↗	7,561
人件費/人	2,511		4,256	↗	4,221	↘	5,166
経常利益/人	3,114		▲220	↘	▲1,009	↘	602

【アクティベートジャパンが提供する財務診断サービスより一部抜粋】

自社の業績推移はその取ってきた戦略に対し効果の有無が見えます。例えば、販売テコ入れのために広告をたくさん打ち、売上は 3 年連続で伸びている場合について考えてみましょう。原価率も他の経費も金額が変わらないにもかかわらず営業利益が横ばいだとどうでしょう。広告の効果測定をやり直して営業戦略を見直す必要がありそうです。

　また、同業他社の黒字平均に比べてどの指標が悪いかを把握することで、自社が抱える課題をあぶり出すこともできます。例えば、同規模の同業他社と比べて一人当たり売上高は変わらないのに労働分配率（限界利益に対する人件費が占める割合のこと。効率的に利益を生み出せているかどうかの指標）が悪い場合は、扱っている商材の利幅が薄いか、長時間労働による残業代が多いと考えられるので、仕入れなど変動費（売上に応じて比例して変化する原価や経費のこと）の見直しや効率化による労働時間の短縮をすべきと考えられます。

　このように縦と横の目線で分析することで、より客観的に自社の現状を分析することができます。

　また、公益法人等を除き、会社は営利目的で存在する以上、その活動により利益を上げることが必要です。利益を上げるには売上を増やすか、原価（経費）を減らすかしかありませんが、会社の利益構造によっては効果的な施策が違います。そこで、利益感度分析によって①単価アップ②数量アップ③原価削減④固定費削減のどれが利益向上に効果的かを明確にしたほうが良いでしょう。一般的に、固定費削減→原価削減→数量アッ

プ→単価アップの順で実行に移しやすいとされています。やり
やすいからといってやみくもに固定費の削減ばかり唱えても、
その利益感度が低ければ利益を上げることは難しいでしょう。
労働人口が減少し働き方改革が叫ばれる昨今、人員も時間も会
社のリソースは限られています。持てる資源を有効に活用する
ためにも、自社の現状把握は必要不可欠なのです。

利益感度分析

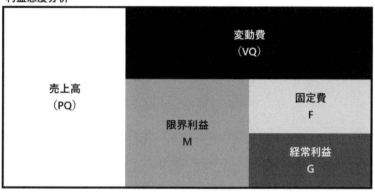

価格損益分岐点	（VQ＋F）／Q	損益が0となるP
数量損益分岐点	F／（P-V）	損益が0となるQ
変動費損益分岐点	（PQ-F）／Q	損益が0となるV
固定費損益分岐点	PQ-VQ	損益が0となるF
価格感度	G/PQ	損益が0となるPの割合
数量感度	G/M	損益が0となるQの割合
変動費感度	G/VQ	損益が0となるVの割合
固定費感度	G/F	損益が0となるFの割合

→割合が低いものほど感度が高い（影響力が大きい）

P：1個当たり単価
V：1個当たり変動費
Q：販売数量

（例）

売上高 （PQ） @10,000円×100個 =1,000,000円	変動費 （VQ） @6,000円×100個 =600,000円	
	限界利益 M 400,000円	固定費 F 300,000円
		経常利益 G 100,000円

価格損益分岐点	(600,000+300,000)/100 =9,000	単価が9,000円 になると損益0
数量損益分岐点	300,000/(10,000-6,000) =75	販売数量が75個 になると損益0
変動費損益分岐点	(1,000,000-300,000)/100 =7,000	変動費が7,000円 になると損益0
固定費損益分岐点	1,000,000-600,000 =400,000	固定費が400,000円 になると損益0
価格感度	100,000/1,000,000 =10%	価格が10% 下がると損益0
数量感度	100,000/400,000 =25%	販売数量が25% 減ると損益0
変動費感度	100,000/600,000 =17%	変動費が17% 上がると損益0
固定費感度	100,000/300,000 =33%	固定費が33% 上がると損益0
→価格感度が一番低いので、単価が与える影響力が大きい		

　なお、同業他社のデータは中小企業庁が全国から無作為で選定した 11 万社を対象に実施・公開している中小企業実態基本調査や、TKC が会員税理士の 24 万社超に及ぶ顧問先データを

集めた TKC 経営指標（BAST、一般には要約・速報版のみ公開）などがあります。また、経済産業省が提供しているローカルベンチマークを活用すると自社の3期比較及び指標の同業他社比較が容易に行えます。なかなかぴったり当てはまる業種がない場合もありますが、その時は製造業などという大区分や全産業という目線で見ると良いでしょう。

3. 全ての行動は数字に表れる

　数字、と聞くだけで拒否反応を示す人がいます。数字のことは分からないけど勘や経験で大丈夫だ、という方もいます。ただ、数字の見方や使い方を身に付ければこれほど強い味方はいません。極論をいえば、会社での全ての行動は財務諸表などの数字に表されるのです。

　例えば、同じ製造高でも材料の使用量を削減すれば売上に対する材料費の割合が減ります。材料の使用量がそのままでも売上単価を上げれば同じ現象が起きます。また、残業時間や操業時間が減れば人件費や水道光熱費が減ります。一方、人員や労働時間は変わらなくても、効率化により粗利が増えれば労働分配率という指標が良くなります。

　自分の業務を振り返り、どのような行動がどの数字に影響を与えるのかが分かれば、数字が身近なものに感じ、数値目標の達成に対して具体的な行動計画を立てられるようになります。また、その行動の結果が見えるので未達成だった時の原因分析が可能になりますし、何より目標をクリアしたときの達成感を味わえることになるでしょう。

行動と変動損益計算書のつながり

【売上高】		影響する行動
売上高	10,000,000	新規開拓、単価交渉、追加注文…
売上値引高	50,000	見積り見直し、リベート見直し…
売上高計	9,950,000	
【変動費】		
当期仕入高	7,000,000	歩留まり改善、大量購買による値引き…
棚卸増減	▲ 1,000,000	
外注費	500,000	内製化、依頼内容見直し…
変動費計	6,500,000	
限界利益	3,450,000	
【固定費】		
人件費	800,000	残業時間削減、休日出勤見直し…
広告宣伝費	300,000	効果測定、媒体見直し…
地代家賃	600,000	未利用地の解約、移転…
減価償却費	500,000	
水道光熱費	100,000	契約プラン見直し、消灯の徹底…
消耗品費	80,000	複合機契約の見直し、備品の節約…
通信費	50,000	通信契約の見直し、未利用プランの解約…
運送費	100,000	運送ルートの見直し、混載で回数削減…
旅費交通費	150,000	不要な出張削減、利用交通機関の見直し…
会議費	200,000	不要な打合せ削減
交際費	120,000	不要な支出削減
固定費計	3,000,000	
経常利益	450,000	

　ただし、数字だけで語るのは禁物です。とにかく数字を追わせる人もいますが、あくまで数字は行動を根拠付けるための道具として扱う必要があります。行動とセットで考えることで、はじめて数字は意味を持つのです。

4.　予算と行動はセットで（P）

　自社の現状を把握し、数字と行動がつながるようになったら予算作りは意外と簡単です。予算の作り方にはいくつかありますが、ここでは必要資金から逆算する方法を紹介します。

その前に、黒字倒産という言葉をご存知でしょうか。損益計算書では黒字なのに資金繰りがショートして仕入れ代金などが払えなくなり、倒産に至ってしまうことです。その原因の一つに、借入などの返済で元本部分が損益計算書に反映されないことがあります。黒字だからといって安心していると、実はそれ以上にお金が減っているということもままあるのです。

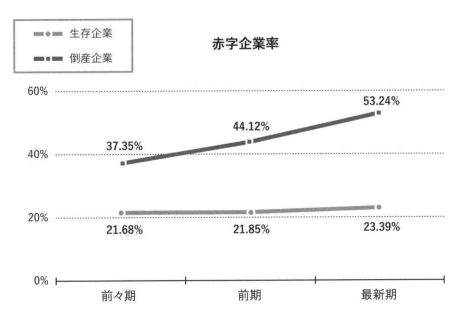

（出典：東京商工リサーチ　2020年「倒産企業の財務データ分析」調査
https://www.tsr-net.co.jp/news/analysis/20210330_01.html）

そこで、利益から逆算して簡易キャッシュ・フローを算出し、返済原資を捻出できる最低ラインを予算の目安とする方法があります。簡易キャッシュ・フローは、以下の算式で求められます。

　簡易キャッシュ・フロー＝営業利益（または経常利益）＋減価償却費＋法人税等

　例えば、年間返済額（元本部分）が 1,000 万円で減価償却費が 100 万円だとすると、営業利益が 900 万円あれば返済原資を確保できることになり、黒字倒産を免れることになります。

　また、キャッシュ・フローから考えるので設備投資計画の策定などにも有効です。月別にキャッシュ・フローを作成できれば設備投資に必要な資金を自社で準備できるかどうかが把握できるので、もし不足していれば融資を検討したり、時期をずらしたり、早期に対策を検討することができます。この予算作成方法は、借入返済や設備投資額の大きい会社におすすめです。

　なお、設備投資について事前に把握できていれば、投資計画を盛り込んだ経営力向上計画を作成することができます。所定の機関から経営力向上計画の認定を受けると、日本政策金融公庫から設備資金の融資を受ける際に金利が 0.9%下がるほか、様々な税制の優遇を受けることができるなど特典があります。経営力向上計画の策定には、専門家である認定経営革新等支援機関のサポートを受けると良いでしょう。

また、この方法に限りませんが、予算の作り方としては以下の手順で行うと良いでしょう。

1.　現状通りの予算を作る
2.　来期に見込まれる変動要因を加味する
3.　目標とする予算を作る
4.　目標との差を埋めるための行動を考える

　ここで大切なのは、4. で取るべき行動をしっかり考え、予算と共に行動計画を策定することです。これが、PDCA サイクルのP（=Plan）にあたります。

【事例】

A社は年商10億円の製造業で、3月決算を迎えるにあたり来期の予算を策定しようとしています。借入金の年間返済額は3,000万円で、来期の減価償却費は900万円を見込んでいます。

1. 現状通りの予算を作る

まずは、当期と同じくらいの業績で推移した場合の予算を作ります。

①当初予算

	当初予算
売上高	1,000,000,000
売上原価	800,000,000
売上総利益	200,000,000
販管費	100,000,000
営業利益	100,000,000
営業外損益	▲ 50,000,000
経常利益	50,000,000

2. 来期に見込まれる変動要因を加味する

来期は新製品の投入で売上が1億円増える予定ですが、原料の値上げと人件費のアップで原価率が5%悪化し、新製品のプロモーション等で販管費が1,000万円増える見通しです。これらを加味して、予算を修正しました。

②見直し予算

	当初予算	見直し案	見直し予算
売上高	1,000,000,000	新製品投入により +1億円	1,100,000,000
売上原価	800,000,000	材料値上げと人員増加により 原価率5%悪化	935,000,000
売上総利益	200,000,000		165,000,000
販管費	100,000,000	宣伝費等の増加により +1,000万円	110,000,000
営業利益	100,000,000		55,000,000
営業外損益	▲ 50,000,000		▲ 50,000,000
経常利益	50,000,000		5,000,000

3. 目標とする予算を作る

利益は確保できそうですが、A社の社長は少なくともキャッシュ・フローをトントンにしたいと考えています。キャッシュ・フローが3,000万円のプラスになれば返済額を確保できるので、先ほどの簡易キャッシュ・フローの算式に当てはめると、以下のようになります（法人税等を30%と仮定しています）。

返済額3,000万円＝経常利益X円＋減価償却費900万円－法

人税等 0.3X 円

∴経常利益 X−法人税等 0.3X 円＝2,100 万円

ここで、目標とする予算は経常利益を 3,000 万円に設定すれば良いと分かります。

4.　目標との差を埋めるための行動を考える

経常利益が 3,000 万円になるには、利益を 2,500 万円増やす必要があります。そのための施策としては例えば以下のようなものが考えられます。

① 売上を伸ばす

売上を伸ばすには、販売数を伸ばすか単価を上げるかです。販売数を伸ばすのも、既存顧客に対する増加と、新規顧客の開拓があります。

② 原価率を下げる

原価率を下げるには、売上高材料費率を下げるほか、労務費や経費を削減する方法があります。売上高材料費率を下げるには、仕入単価を下げる方法と使用量を減らす方法があります。仕入単価を下げるには既存仕入先に交渉する方法や、新たに仕入先を見つける方法があります。

③ 販管費を下げる

不要・高額な経費の見直しで、固定費の見直しを行います。利用していない会費の退会や、通信事業者や電気事業者の見直しなども有効です。

これら考えられる施策の内、先ほどの利益感度分析と併せて

実際に行動できそうなものでかつ効果が見込まれるものを経営幹部に考えてもらった結果、以下のような行動計画ができました。

①　売上高
既存顧客への追加受注獲得で2,000万円アップ、取引先の紹介による新規顧客の開拓で3,000万円アップ

②　売上原価
作業ラインの見直しによる歩留り率の改善と効率化による残業時間削減で1%改善

③　販管費
保険契約の見直し、通話プランの見直し、電気事業者の見直し、不要な出張の取りやめ等により固定費を600万円削減

以上の施策を考慮して、予算は以下の通りとなりました。

③修正予算

	見直し予算	改善案	修正予算
売上高	1,100,000,000	既存顧客の追加注文+2,000万円 新規開拓の追加+3,000万円	**1,150,000,000**
売上原価	935,000,000	歩留り改善と残業削減により、 原価率1%改善	**966,000,000**
売上総利益	165,000,000		**184,000,000**
販管費	110,000,000	固定費の見直しにより 600万円削減	**104,000,000**
営業利益	55,000,000		**80,000,000**
営業外損益	▲ 50,000,000		**▲ 50,000,000**
経常利益	5,000,000		**30,000,000**

このように、無事にキャッシュ・フローがプラスになる予算を作ることができました。ただ、PDCAを回すには少なくとも四半期ごとに分解した予算が必要です。月次に分解するのも同じなので、ここでは月次予算への展開方法を紹介します。

　季節要因などを考慮して分解するのですが、いきなり月々の予算を考えるのも気が折れるので、変動損益計算書の考え方が便利です。まずは比較的容易な売上を月別に分解します。変動費率（売上に対する変動費の割合）は一定と考えられるので、売上×変動費率で毎月の変動費予算ができます。固定費も基本的に毎月一定額のはずですが、賞与、償却資産税、定期修繕など、予定されている要因を見込んで増減させれば、毎月の固定費予算も完成します。これで、予算の月次展開は完了です。

●年次予算→月次予算への展開

	年度	構成比率	1月	2月	3月	4月	5月
【売上高】							
売上高	1,150,000,000	100.0%	95,000,000	95,000,000	95,000,000	90,000,000	90,000,000
【変動費】							
仕入高	230,000,000	20.0%	19,000,000	19,000,000	19,000,000	18,000,000	18,000,000
外注費	46,000,000	4.0%	3,800,000	3,800,000	3,800,000	3,600,000	3,600,000
動力燃料費	57,500,000	5.0%	4,750,000	4,750,000	4,750,000	4,500,000	4,500,000
工場消耗品費	11,500,000	1.0%	950,000	950,000	950,000	900,000	900,000
変動費計	345,000,000	30.0%	28,500,000	28,500,000	28,500,000	27,000,000	27,000,000
限界利益	805,000,000	70.0%	66,500,000	66,500,000	66,500,000	63,000,000	63,000,000
限界利益率	70.0%		70.0%	70.0%	70.0%	70.0%	70.0%
【固定費】							
人件費	360,000,000		25,000,000	25,000,000	25,000,000	25,000,000	25,000,000
広告宣伝費	150,000,000		12,500,000	12,500,000	12,500,000	12,500,000	12,500,000
地代家賃	45,000,000		3,750,000	3,750,000	3,750,000	3,750,000	3,750,000
減価償却費	81,000,000		6,750,000	6,750,000	6,750,000	6,750,000	6,750,000
租税公課	6,000,000		0	1,500,000	6,750,000	0	0
修繕費	30,000,000		2,000,000	2,000,000	2,000,000	2,000,000	5,000,000
通信交通費	12,000,000		1,000,000	1,000,000	1,000,000	1,000,000	1,000,000
補助収入	▲10,000,000		0	0	▲10,000,000	0	0
支払利息	60,000,000		5,000,000	5,000,000	5,000,000	5,000,000	5,000,000
その他固定費	42,000,000		3,500,000	3,500,000	3,500,000	3,500,000	3,500,000
固定費計	776,000,000		59,500,000	61,000,000	49,500,000	59,500,000	62,500,000
経常利益	29,000,000		7,000,000	5,500,000	17,000,000	3,500,000	500,000

❶売上を月別に分解

❷変動費率は常に一定と仮定

❸固定資産税や定期修繕、補助金などは時期や金額が把握できる

❺他の固定費は12で均等に割ればよい

	6月	7月	8月	9月	10月	11月	12月
【売上高】							
売上高	90,000,000	90,000,000	90,000,000	100,000,000	100,000,000	105,000,000	110,000,000
【変動費】							
仕入費	18,000,000	18,000,000	18,000,000	20,000,000	20,000,000	21,000,000	22,000,000
外注費	3,600,000	3,600,000	3,600,000	4,000,000	4,000,000	4,200,000	4,400,000
動力燃料費	4,500,000	4,500,000	4,500,000	5,000,000	5,000,000	5,250,000	5,500,000
工場消耗品費	900,000	900,000	900,000	1,000,000	1,000,000	1,050,000	1,100,000
変動費計	27,000,000	27,000,000	27,000,000	30,000,000	30,000,000	31,500,000	33,000,000
限界利益	63,000,000	63,000,000	63,000,000	70,000,000	70,000,000	73,500,000	77,000,000
限界利益率	70.0%	70.0%	70.0%	70.0%	70.0%	70.0%	70.0%
【固定費】							
人件費	25,000,000	60,000,000	25,000,000	25,000,000	25,000,000	25,000,000	50,000,000
広告宣伝費	12,500,000	12,500,000	12,500,000	12,500,000	12,500,000	12,500,000	12,500,000
地代家賃	3,750,000	3,750,000	3,750,000	3,750,000	3,750,000	3,750,000	3,750,000
減価償却費	6,750,000	6,750,000	6,750,000	6,750,000	6,750,000	6,750,000	6,750,000
租税公課	1,500,000	0	0	1,500,000	0	0	1,500,000
修繕費	2,000,000	2,000,000	2,000,000	2,000,000	2,000,000	2,000,000	5,000,000
通信交通費	1,000,000	1,000,000	1,000,000	1,000,000	1,000,000	1,000,000	1,000,000
雑収入	0	0	0	0	0	0	0
支払利息	5,000,000	5,000,000	5,000,000	5,000,000	5,000,000	5,000,000	5,000,000
その他固定費	3,500,000	3,500,000	3,500,000	3,500,000	3,500,000	3,500,000	3,500,000
固定費計	61,000,000	94,500,000	59,500,000	61,000,000	59,500,000	59,500,000	89,000,000
経常利益	2,000,000	▲31,500,000	3,500,000	9,000,000	10,500,000	14,000,000	▲12,000,000

●賞与を予定している場合は予算に組み込む

この時、以下のような行動計画表を作成しておくと期限や責任の所在が明確になるので、期中の PDCA サイクルをより効果的に回すことができます。期限については月単位、少なくとも四半期単位が良いです。長すぎると PDCA サイクルによる効果測定や軌道修正ができませんし、はじめから向こう1年間を1週間単位に細分化できるような行動計画を立てることは難しいでしょう。

●行動計画表

目標	KPI	担当者	1月	2月	3月	4月	5月
既存顧客 +2,000万円	アフターサービス加入促進 →10件1,000万円	鈴木	サービス内容の見直し	サービス内容の見直し	価格設定の見直し	チラシ作成	DM送付後追い電話
	適正単価への値上げ要請 →5件1,000万円	佐藤	適正単価の検討	適正単価の検討	要請先ピックアップ	トークスクリプト作成	要請開始
新規開拓 +3,000万円	顧客への紹介依頼 →3件1,500万円	田中	10件声掛け	10件声掛け	10件声掛け	10件声掛け	10件声掛け
	業界団体の声掛け →3件1,500万円	斉藤			業界団体の総会		業界団体の地方部会
歩留り改善	92%→95%	山本	製造ラインの見直し	改善後のテスト運用	改善工程の本格運用	検査工程の見直し	改善後のテスト運用
残業削減	45H超/月が0人	中田	45H超/月を60人以下	45H超/月を55人以下	45H超/月を50人以下	45H超/月を45人以下	45H超/月を40人以下
固定費の見直し ▲600万円	管理部残業削減 →▲200万円	中田	・・・				
	電力契約見直し →▲50万円	山田	・・・				
	運送契約見直し →▲100万円	藤原					
	広告媒体見直し →▲50万円	石井					
	駐車場縮小移転 →▲200万円	高橋					

逆に、行動を基準に作られていない予算は単なる数字でしか
なく、全く意味のないものです。社長一人で作ると誰も行動に
責任を持てず絵に描いた餅で終わる恐れもありますし、経営幹
部が行動と数字を紐づけられないと実効性のある行動計画を
策定することもできません。これから述べる計画の実行や分析
も無意味なものとなります。

　一方で、責任範囲も実効性を持たせる重要な要因です。部門
別で採算を見ている場合は部門ごともしくは部署ごと、権限が
役職で分かれている場合は役職ごとに売上や原価、経費をコン
トロールできるかどうかで考えます。不動産部門が飲食部門の
コントロールなどできるはずがありませんし、営業部長が製造
原価を下げることも、製造部長が借入利息を減らすことも難し
いでしょう。また、本社の家賃や減価償却費など、経営陣でし
かコントロールできないものもあります。このように、縦と横
でコントロールできる売上や原価、経費を区分することでそれ
ぞれの責任範囲を明確にできます。更に、いわゆる共通費と呼
ばれるもの（役員報酬や交際費、税理士報酬など会社全体にか
かる経費）や発生自体が容易にコントロールできないもの（減
価償却費や修繕費、保険料など）を別の区分にして貢献利益と
いう概念を導入することで、より実効性のある予算を作ること
ができます。

●責任予算と貢献利益

	全体	A製造部門	B製造部門	開発部門	管理部門	全社共通
[売上高]						
売上高	1,150,000,000	700,000,000	450,000,000	0	0	0
[変動費]						
仕入高	230,000,000	180,000,000	50,000,000	0	0	0
外注費	46,000,000	12,000,000	34,000,000	0	0	0
動力燃料費	57,500,000	42,500,000	15,000,000	0	0	0
工場消耗品費	11,500,000	7,000,000	4,500,000	0	0	0
変動費計	345,000,000	241,500,000	103,500,000	0	0	0
限界利益	805,000,000	458,500,000	346,500,000	0	0	0
限界利益率	70.0%	65.5%	77.0%			
[部門固定費]						
人件費	300,000,000	200,000,000	40,000,000	40,000,000	45,000,000	0
修繕費	30,000,000	25,000,000	5,000,000	25,000,000	0	0
通信交通費	12,000,000	3,000,000	1,000,000	7,000,000	1,000,000	0
運送費	10,000,000	7,500,000	2,500,000	0	0	0
水道光熱費	8,000,000	5,500,000	1,500,000	500,000	500,000	0
研究開発	0	0	0	50,000,000	0	0
その他固定費	15,000,000	5,000,000	3,000,000	4,000,000	3,000,000	0
部門固定費計	375,000,000	246,000,000	53,000,000	126,500,000	49,500,000	0
貢献利益	430,000,000	212,500,000	293,500,000	-126,500,000	-49,500,000	0
[共通固定費]						
人件費	60,000,000	10,000,000	10,000,000	10,000,000	10,000,000	20,000,000
減価償却費	81,000,000	45,000,000	15,000,000	0	0	21,000,000
地代家賃	45,000,000	20,000,000	10,000,000	5,000,000	0	10,000,000
広告宣伝費	150,000,000	0	0	0	0	50,000,000
租税公課	6,000,000	0	0	0	0	6,000,000
雑収入	▲10,000,000	0	0	0	0	▲10,000,000
支払利息	60,000,000	0	0	0	0	60,000,000
その他固定費	9,000,000	0	0	0	0	9,000,000
共通固定費計	401,000,000	75,000,000	35,000,000	15,000,000	10,000,000	166,000,000
経常利益	29,000,000	137,500,000	258,500,000	-141,500,000	-59,500,000	-166,000,000

部門別の貢献利益を算出した後、共通固定費を部門別に按分して部門別の経常利益を出す方法もあります。

（注記）
- 各部門でコントロール可能な費用
- どの部門にも属さない費用
- 部門はわかるが、コントロール不可能な費用

ただ、いきなりこのような予算作りができるわけではありません。社長を含め、経営幹部（候補）たちが会社の現状を把握し、数字への影響力を考慮しながら目標に近づけるためにとるべき行動を考えるというプロセスこそ、経営幹部を育てることに他なりません。そうすることで、一人ひとりが PDCA を回す素地が作り上げられます。

　また、ウィズ・コロナの時代においては先行きが不透明で、計画を立てても状況がすぐに変わるから無駄と思われることもあるかもしれません。しかし、一番大事なのは作った計画そのものではなく、計画を作るプロセスです。計画を作成する中で様々な前提条件を設定する必要がありますが、状況が変化した際はそれらの前提条件のうち、どこに影響があるのか、どこを変えれば良いのかが判断できれば、次の行動にも移りやすくなります。一度作った計画を変えてはいけない、というルールはどこにもありません。このような時代だからこそ、柔軟に、かつ迅速に対応できる能力や組織力が求められています。

5.　いざ、計画を実行（D）

　無事、予算と行動計画を立てることができたら後は実行あるのみです。実行に当たっては、常に進捗と効果を考えるようにしましょう。今、自分は計画に対してどのくらい進んでいるのか、又は遅れているのか。遅れているのであればその理由は何か、挽回できるのか。計画通りに効果は発揮できているか。できていないのであればその理由は何か、効果発現まで予想以上に時間がかかるのか、別の施策を考えたほうが良いのか。せっ

かく考えて作った行動計画に対し、何も考えずに実行するのは行動しないのと同じです。

　ただ、そうはいってもなかなか思い通りにはいきませんし、自分で自分を完璧に管理できる人間はそうそういません。後の章で触れますが、予算の時に立てた行動計画を人事評価制度とリンクさせることができれば、より効果的に PDCA サイクルを回すことができます。上長や、時には外部の力を有効に活用して自らの行動に駆り立てるのも大切なことです。

6.　予実差異を分析しよう（C）

　はじめのうちは四半期を１クールと設定するのがちょうどよいので３か月おきに業績検討会を実施します。そこで予算と実績の差異を分析しますが、何も考えずに売上から順番に見るのではなく、予算策定時に決めた行動計画に沿って分析していくと良いでしょう。見るポイントは大きく分けると次の３点です。

① 　行動計画に関係する科目や経営指標ごとの予実差異
② 　キャッシュ・フロー
③ 　上記以外の科目や経営指標における差異

　まず、①については行動計画で想定された理論値との乖離がどのくらいあるかを見ます。予実差異分析の結果、実績が予算に届かなかった場合、それがコントロール不能な外的要因によるものでなければ、予算策定時の行動計画に立ち返ります。

行動計画が実施できていなければその理由を探り、次の四半期では行動計画を実施できるように整えます。実行する時間がなかったのであれば、実行できる時間をいかに確保するかを次の行動計画に盛り込まなければいけません。

　逆に、行動計画を予定通り実施できているにもかかわらず予算未達であれば、そもそも行動計画の前提自体が間違っている可能性が高いので、行動計画の内容を見直す必要があります。ただ、はじめから計画通りに進むわけではありません。トライアンドエラーを繰り返して、徐々に計画と予算を近づけられるようにすればいいでしょう。

　②に関しては、利益だけでは見えない現預金の動きを追います。予算では大まかな動きしか考えていませんでしたが、実際は日々お金が動きます。損益計算書と貸借対照表があれば正確なキャッシュ・フロー計算書を作ることはできるので、そこから現預金がどのように動き、結果としていくら残ったのかを分析します（会計ソフトによっては自動で作成する機能もあります）。

　キャッシュ・フロー計算書の作り方には直接法と間接法があり、直接法のほうが実際に取引に即して作られるので分かりやすいのですが、そのために別途集計が必要なので、実務では間接法が用いられることが多いようです。いずれの方法でもキャッシュ・フロー計算書は以下の3つに区分されます。

A)　営業キャッシュ・フロー：本業での入出金を表す
B)　投資キャッシュ・フロー：設備や有価証券の売買などによ

る入出金を表す

C) 財務キャッシュ・フロー：借入や貸付などによる入出金を
表す

　また、営業キャッシュ・フローと投資キャッシュ・フローを
合わせたものをフリー・キャッシュ・フローと呼びます。まず
は、フリー・キャッシュ・フローがプラスの状態を目指しまし
ょう。成長企業としては、営業キャッシュ・フローがプラス、
投資キャッシュ・フローと財務キャッシュ・フローがマイナス
で現預金の増減がプラスの状態が理想です。

　これは、本業で稼いだ現金を投資に回しても余裕があり、な
お借入返済も賄えているのでレバレッジも利かせられている
状態を示します。これが、同じく現預金の増減がプラスになっ
ていても、営業キャッシュ・フローもフリー・キャッシュ・フ
ローもマイナスで、財務キャッシュ・フローだけプラスだと全
く状況が違います。本業で現金が流出しているのを借入で賄っ
ている状態に他ならないからです。

　このように、現金の増減だけでは見えない中身をキャッシ
ュ・フロー計算書では知ることができます。自社のキャッシュ・
フロー計算書を見ることはあまりないと思いますが、コロナ特
例融資などで借入が増えている企業も多いと思います。特に、
元本据置をしている企業は返済が始まると資金繰りに窮する
ことも考えられますので、これを機会に是非、自社の現預金が
どのように動いているのかを確認してみてください。

●キャッシュフロー計算書

【営業活動によるキャッシュフロー】	
当期純損益金額	350,000
減価償却費	500,000
売上債権の増減	1,000,000
棚卸資産の増減	▲ 1,000,000
仕入債務の増減	500,000
法人税等の支払額	▲ 130,000
⋮	
営業活動によるキャッシュフロー合計	2,000,000
【投資活動によるキャッシュフロー】	
有価証券の取得による支出	▲ 1,000,000
有価証券の売却による収入	2,000,000
有形固定資産の取得による支出	▲ 15,000,000
有形固定資産の売却による収入	500,000
⋮	
投資活動によるキャッシュフロー合計	▲ 10,000,000
【財務活動によるキャッシュフロー】	
借入金の借入による収入	10,000,000
借入金の返済による支出	500,000
⋮	
財務活動によるキャッシュフロー合計	10,000,000
現金及び現金同等物の増減額	2,000,000
現金及び現金同等物の期首残高	8,000,000
現金及び現金同等物の期末残高	10,000,000

最後に、③で上記以外の科目や経営指標で増減が大きなものを確認します。すべての科目などについて増減分析を行うのは手間がかかるので、変動費だと予算に比べて売上に対する比率が〇％以上乖離しているもの、固定費だと予算から〇％以上もしくは〇万円乖離しているもの、というふうに目安を決めると良いでしょう。

7.　良い行動はみんなで再現（A、まとめ）

　さて、予算が達成できていても諸手を挙げて良かったね、で終わってはいけません。なぜ達成できていたのかの分析が必要です。たまたま大口の受注が入ったり見込んでいた経費の発生が翌期にずれ込んだりしているのであれば、要因を除いて実態を分析する必要があります。偶然やズレの要因を除いてもなお予算を達成していた時は、その達成した要因を分析することで一回限りの成功で終わらせず、その再現性を見つけて次に活かせるようにします。なぜ販売数量が増えたのか、なぜ労働時間を削減できたのか、なぜ材料の使用量を抑えることができたのか、なぜ手数料を抑えることができたのか。例え損益計算書では1万円の差異としか表現されなくとも、その裏には様々な行動の積み重ねがあるはずです。

　ここで、行動と数字を結びつける考え方が役に立ちます。予算を作る時は行動から数字を積み重ねましたが、分析する時は数字から行動へと分解していきます。ふとした作業動線の変更がリードタイムの削減につながったかもしれませんし、発注のタイミングを変えて回数を減らしたことで送料を抑えられた

のかもしれません。そして、このような行動は得てして知らず知らずのうちに、担当者ベースで行われていることが多いものです。

　予実差異の分析は悪者叩きの時間と考えてしまいがちですが、人知れず埋もれてしまいそうな良い行動を見つけるための手段でもあるのです。そして、そのような良い行動が見つかったらすぐに社内で共有して、皆の前で褒めることも重要です。社内で共有することで、同じ成功を他に横展開して更なる効果が期待できます。工夫してより効果的な行動につなげる人が現れるかもしれません。共有方法は朝礼でも回覧でも共有フォルダでも結構ですが、全員に周知できる方法が望ましいでしょう。

　また、褒めることで当人のモチベーションも上がりますし、行動を褒められることを目にした周囲の人間に対して自ら行動を起こすことへのハードルを下げる効果もあります。一人の行動が、周囲にも良い影響を波及させ、次の行動につなげることができるのです。この時、あくまで行動を褒めることに徹することが肝要です。行動に対する批判もみんなの前で行ってしまうと、批判されてしまうかもしれないという警戒心が行動への足枷となってしまいます。

　3か月ごとの予実差異分析に慣れてきたら、次のステップとしては予実差異分析を毎月行うことです。ただ、これには月次決算体制の整備が不可欠なので、内部統制の章を参考にしっかりと体制を整えましょう。

8. 実例インタビュー

（実例1）

　2018年に創業30年を迎え、大田区では施工実績No.1を誇るリフォーム会社である株式会社キタセツ。「安全で快適な住まいづくり」をモットーに従来のリフォームという概念にとらわれず、近年は『Moreform』ブランドで大型案件を手掛けるなどして業績拡大を続けています。そこに至るまでの道のりは決して平坦なものではありませんでしたが、業績検討会の導入をきっかけに会社は大きく変わり始めます。創業者である北川社長にお伺いしました。

——業績検討会を導入する前に抱えていた課題は何でしょうか？

　経営者と社員との意識のギャップですね。私は社長なので経営者として会社全体のことを考えて行動しますが、会社の実情が分からない社員にとっては自分の頑張りが全てだと感じられます。

　昔、大変忙しかったんですが赤字決算だった時がありました。その時、いつもは支給していたボーナスを出さなかったんです。すると、社員全員に大井町の飲食店に呼び出されて、抗議されたことがありましたね。

——社長　対　全社員ですか？

会社には常務もいましたが、彼が一緒だと丸め込まれると思って私1人だけ呼び出したんでしょうね。(笑)

——会社の経営状態を知らない社員にとっては、自分が忙しいと会社も儲かっているはずだと思うのは仕方ないかもしれませんね。

　会社の経営状態が分からないので、自分が頑張っていると会社も儲かっていると思ってしまう。そこで、業績検討会を始めようとしたんです。

——始めようとしたきっかけは何でしょうか?

　先ほど申し上げた通り、当時はボーナスも出せないほど業績が悪かったんです。そこで、税務顧問をお願いしていた尾﨑先生から、業績の改善には幹部にも会社の現状を知ってもらったほうが良いとアドバイスをいただいたのがきっかけです。
　また、当時受けていた研修で会社での取り組みをフィードバックすることになっていたので、導入するタイミングとしてもちょうど良かったと思います。

——始めた当初、業績検討会に参加していた幹部は?

はじめは、私と役員2名＋尾﨑先生という体制からからスタートしました。

——業績検討会に期待していたことは何でしょうか？

　やはり、社員にも会社の現状を知ってもらいたかったことが一番です。私からの情報発信だけでは限界があります。業績検討会を通じて、幹部から各社員に情報を共有してもらうことで情報の透明化を図ろうとしました。

——業績検討会を導入した結果、変化を感じられた点があれば教えてください。

　はじめに課題として挙げた、経営者と社員との意識のギャップがなくなったことは実感しています。

——それはどのような点で実感しましたか？

　給料について不満を聞くことがなくなりましたね。そのことで、私のストレスはかなり減りました（笑）。この実感は、導入後間もない頃から得られたように覚えています。

——確かにそれは重要ですね。個人的には、5年くらい前から部長も参加するようになり、その頃から大きく変わったように思います。

会社が儲かっていない状態を社員に見せると不安に思われるのではないかという懸念はありました。ただ、それは杞憂でしたね。逆に社員が危機感を抱き、このままではまずいと自ら行動するようになりました。

――どのような行動がありましたか？

　営業会議と部署ごとのミーティングが毎週開かれるようになりました。
　それにより社員が自ら課題を認識し、解決に動いてくれています。私はいずれも出席していませんが、議事録が全てメールで回覧されるので内容は把握しています。やはり、業績についての議題が多いようですね。

　また、毎月行う全社会議では部署ごとに売上と粗利を予実で開示し、その内容について部署のリーダーに発表してもらっています。

――業績判断の物差しとなるのはやはり予算でしょうか。

　予算ですね。ただ、全体の数字は会社が決めますが、部門ごとの目標金額は社員自らが割り振っています。

——社員のモチベーションを維持できるように会社として実践していることはありますか？

　税引き前利益の3分の1を決算賞与として社員に分配しようと決めています。

　キャッシュ・フロー的には借入返済を考えるとマイナスにはなってしまう時もありますが、まずは社員に頑張ったら還元されるんだという一体感を持たせることを優先しました。

　また、部署の粗利が一定額を超えたら、その部署全員に大入袋をあげる施策も実施しています。

　以前は頑張っても頑張らなくても一緒という空気が社内に蔓延していましたが、それは変わった気がします。

——話を聞く限り、社員はモチベーションも高く自立的に動いているので理想的な環境のように思えますが、今抱えている課題はありますか？

　やはり、人の問題は大きいです。特に、現場管理ができる人材の確保が急務ですね。

　実際、クレームをいただくこともあります。

　今までは全ての現場を社員が管理していましたが、案件が増えたので管理まで含めて外注することが増えました。それにより現場の情報管理が難しくなり、非効率と思われる業務も散見されます。

また、忙しさなどから社内ルールが守られていないこともありました。この点については、品質の確保という観点からもルールを徹底させるように社内教育を進めています。

　そのような現状は真摯に受け止めた上で、更に良いサービスを提供できるように対策を講じています。

——具体的にどのような対策を講じていますか？

　人材の採用と外注先の教育を重点ポイントとして並行して進めています。

　採用については専門学校の先生に紹介を依頼しています。専門学校は卒業後も先生とのつながりがある場合が多く、たくさん情報を持っているんです。あとは職業訓練学校ですね。

　外注先の教育については個別に対応して、品質の向上に努めています。

——今後の業績検討会に期待していることは何でしょうか？

　業績検討会という形自体には満足しています。ただ、節税策はもちろん、税理士・会計士という立場からキタセツという会社、そして経営者である私自身が今後どのように進むべきかという道を示してくれるような役割を期待したいと思います。

——10年後の具体的なイメージはありますか？

借入金は減らしたいですね。

──返済原資の確保には、やはり利益を出すのが一番です。

　そのために『Moreform』という大型案件にも進出して業態を拡大してきました。その効果を実感できるところもありますが、まだまだこれからです。

──現在64歳ですが、後継者についてお考えは？

　正直、まだ全く分かりません。今私が抜けたら借入の多さなどで後を継ぐ人が苦労するだろうなとは思うので、今すぐ誰かにバトンタッチするイメージはありませんね。

──スムーズな承継には目標を設定して、その達成のためのスケジューリングが第一です。また、借入金の経営者保証を外すことも大事です。ただ、そのためにはやはり利益を出して、自己資本比率を厚くすること。借り換えの時に経営者保証を外してもらうという手もあります。

　承継計画も含めて、中長期的な視野で幹部を巻き込んで業績検討会を続けたいと考えています。

（実例2）

埼玉県で電動工具、エア工具、エンジン工具の買取・販売・修理を行う専門リサイクルショップの運営をしているＣ社。

——業績検討会を導入する前に抱えていた課題は何ですか？

標準が見えないことでした。標準というのは他社の経営指標などが分からなかったので他社との比較ができず、現状が良いのか悪いのかを図る術がなかったということです。

決算の着地見込みが見えないというのも課題でした。経理上の実績は把握できても、決算整理にあたる部分が見えていないことや残り２か月で予想外の利益見込みとなった時などは納税資金を確保しておらず資金繰りに本当に困った時がありました。

また、借入金はほぼ全て長期借入金（証書貸付）で、「儲かっているのにお金がない」状態でもありました。

——業績検討会に期待していたことは何ですか？

先程お話しした標準の把握を期待していました。
また、経営の方向性、リスク管理の観点で、親切な指導やアドバイスをもらえることを期待していました。

──業績検討会を導入した結果、変わったことはありますか？

　決算の着地見込みが立つことで事前対応をしやすくなりました。

　戦略投資の予算も見込むことができるようになり、燃料ゲージ・羅針盤にあたるものができたと思います。

　また社外の第三者から、会社の現状に対して意見をいただけるので幹部も含めて会社の課題の共有がしやすくなりました。

──その効果を実感したのはいつ頃ですか？

　そうですね、1年程度経った頃かと思います。

　燃料ゲージ・羅針盤ができたことや標準的な経営指標や業界平均と比べられるようになったことは本当に有り難いです。

　あと自社の特徴が分かり、アクセル・ブレーキの判断を付けやすくなりました。

　また、経営者の判断、経理の判断について第三者の意見と比較することができるようになりましたね。

──なぜそのような効果が出たと考えますか？

　そうですね。数字を早く、正確に出せるようになったからです。

　また、同業他社の経営指標や平均的な経営指標と比べることができるようになったからだと思います。

——今抱えている課題は何ですか？

　たくさんありますが、理念浸透、採用、育成でしょうか。
　理念浸透については手帳の読み合わせやクレドカードの作成をしています。また理念浸透チームを作り、行動指針に対して意識した行動の成果を朝礼で発表し、人事評価でも評価項目にしています。
　あとは、採用と育成です。育成は幹部の評価項目に入れています。技術を学びたい人とそうでない人に分かれるので、内発的な動機付けをどうするかも課題ですね。
　また、資金繰りについても最近は短期借入金が多くなり、長短のバランスが悪くなっていると思っています。
　新規出店についても課題を持っています。なかなか良いタイミングで出店候補の場所が見つからないですね。

——そのために計画／実行していることはありますか？

　収益力を上げるためにフランチャイズを 2020 年春頃から展開しています。

——今後の業績検討会に期待していることはありますか？

　経営指標に関して同業他社の会社数が増えれば助かるのですが…。

経理の強化も含めて業績検討会の開催のタイミングを早くできるようにしたいです。

■　**第4章のまとめ**
- 幹部が成長しないと会社も成長しない
- 縦と横の財務諸表分析で自社を知る
- 全ての行動は数字に表れる
- 予算は行動した未来の姿である
- まずは3か月ごとに予実差異分析
- 良い結果も悪い結果も分析する
- 良い結果は再現できるかが大事

第 5 章

人事評価制度の構築
及び運用

　この章では、コンピテンシーと KPI という切り口で人事評価制度の作り方と運用の仕方について見ていきます。特に人事評価制度は運用次第でその効用が大きく左右されますが、うまく利用できると会社の組織力を高め、業績向上、採用力アップと多方面で力を発揮します。自社の組織面で課題になっているポイントを思い浮かべながら読み進めていただくと、解決の糸口が見えるかもしれません。

1. 人事評価制度は誰のため？

　労働人口が減少し、高い有効求人倍率で採用難な時代が続く昨今、優秀な人材の流出を防ぐために人事評価制度への注目が高まっており、コロナ禍におけるリモートワークの広がりも相まって、従業員に対する公正な評価と報酬への正当な反映ができる仕組みづくりは企業にとって急務となっています。また、政府が主導する働き方改革では同一労働同一賃金を進めていますが、その中ではますます労働に対する評価と報酬との連動が重要になります。

　人事評価制度は評価のための制度ではなく、会社のため、ひいては社員のための制度であるべきです。人事評価は会社を成長させるためにあるべきです。作ることに満足して、制度のための制度に陥ってしまってはいけません。そのために大切なことは、いかにうまく運用するかに尽きます。

　ここでは、効果的な人事評価制度をどうやって構築し、運用していくかについて触れていきます。

2. 相対評価と絶対評価

　昨今の働き方改革の流れもあり、Google や Facebook、日本だとメルカリなどで取り入れられている OKR をはじめとして、人事評価制度については様々な手法が唱えられ、また実践されていますが、ここではコンピテンシーと KPI から成る絶対評価制度に絞ってお話しします。

　この制度の一番の特徴は何より絶対評価であることです。つまり、頑張った人は評価され、頑張らなかった人は評価されな

いシステムです。

　一方、現在導入されている評価制度のほとんどが相対評価でしょう。社内、もしくは組織単位内で一定の基準によって順位をつけたり、評価の枠に当てはめたりする制度です。

　相対評価の良いところに、分かりやすさと競争原理があります。評価者（評価する側）としては被評価者（評価される側）が必然的にランク付けされるので昇給・昇進の目安にしやすく、基準に当てはめれば良いので評価者によって評価がぶれることが少なくなります。一方、被評価者からすれば常に周囲との競争にさらされているので、自然と競争原理が働き、組織の活性化につながります。

　しかし、デメリットも当然あります。同じ会社であっても相対評価の対象となる集団が異なる場合、高い成果を上げても低い評価となってしまう人や、逆に大した成果を上げていないのに高い評価を得る人が現れます。この現象により、後者に対して能力に見合わない給与を支払い、更には昇進させてしまうこともあるでしょう。加えて前者のような優秀な人材が会社に不満を抱いて退職してしまうと、会社としては大きなマイナスとなってしまいます。人材の供給が豊富な時代ならそれでも良かったかもしれませんが、前述の通り昨今は優秀な人材の確保が難しい状況です。本書を手に取られている方は中小企業の経営者やそれに近い方が多いでしょうから、なおさらその傾向は強く感じられていることでしょう。

　そこで注目度が上がっているのが絶対評価制度です。

　絶対評価制度は、その名の通り本人が目標を達成したかどう

かで評価が決まります。メリットとしては相対評価のデメリットの裏返しで、何より所属組織に関係なく本人の能力に基づく公正な評価をしやすいことです。また、2002年に施行された学習指導要領により小中学校の通知表は絶対評価に変わっているので、絶対評価で育ってきた若い社会人にとっては馴染みのある仕組みです。

　デメリットとしては、目標の設定が難しいことです。あくまで本人が達成したかどうかで評価が決まってしまうので、難易度が適切か、会社の方針とマッチしているか、それぞれ個別に考慮する必要があります。評価制度を導入して間もない頃や、新たに評価者となった人にとってはこの調整に工数を割かれてしまう可能性があるほか、それぞれが適切な難易度であることを各社員に納得してもらえるように説明責任を果たす必要もあると考えられます。

	メリット	デメリット
相対評価	・評価基準が明確でわかりやすい ・競争原理が働き組織活性化につながる	同じ能力でも、所属集団によって評価が変わる場合がある
絶対評価	・所属集団に関係なく本人の能力に基づく公正な評価をしやすい ・若い社会人にとってなじみがある	適切な目標設定が難しい

3. コンピテンシーと KPI

　そこで考えられたのが、コンピテンシーと KPI の二軸で評価する方法です。

　コンピテンシーとは「職務や役割における効果的ないしは優れた行動に結果的に結びつく個人特性」（Evarts, 1987）とされており、もともとはアメリカで学歴や知能レベルが同等の外交官に業績の差が出るのは何故かを研究した成果として提唱されました。つまり、ハイパフォーマーは単純に頭が良いから高い業績を上げているわけではなく、一定の行動や思考に関する特徴を持っているからだと分かったのです。

　コンピテンシーの考え方を人事評価制度に取り入れる場合、

会社ごとにモデルとなるコンピテンシーが定められるのが理想的ですが、現実的にはある程度体系化されたモデルを取り入れて、自社に当てはまるものを抽出していくことになるでしょう。「コンピテンシー・ディクショナリー」（Spencer & Spencer, 1993）では行動特性が六つの領域・20 の項目に分類されています。

[コンピテンシー・ディクショナリー]

コンピテンシーの領域	コンピテンシーの項目
達成行動	達成思考 秩序・品質・正確性への関心 イニシアチブ 情報収集
援助・対人支援	対人理解 顧客支援志向
インパクト・対人影響力	インパクト・影響力 組織感覚 関係構築
管理領域	他者育成 指導 チームワークと協力 チームリーダーシップ

知的領域	分析的志向
	概念的志向
	技術的・専門職的・管理的専門性
個人の効果性	自己管理
	自信
	柔軟性
	組織コミットメント

　直訳的でそのままだと分かりにくい表現もあるので、多少噛み砕いて伝わりやすいような表現に直した上でコンピテンシーを設定すると良いと思われます。

　もちろん、従来の評価制度でもコンピテンシーの考え方は広く取り入れられていますが、自社に合うものを抽出せずに羅列するだけの場合が多いようです。この場合、被評価者としては何を目指せば良いのか分からないので、会社が求める人材像に合わせてコンピテンシーを絞る必要があります。全社的に3〜4個、部署別、職位別に1〜2個ずつくらいが適正でしょう。

　ただ、コンピテンシーに当てはまるからといってどんな行動をしても良いわけではありません。例えば、ある従業員が「自己管理」というコンピテンシーの中で毎朝のランニングを目標にしたとしましょう。例えその従業員が毎朝5kmのランニングを3か月間続けて、自分の体重や体脂肪率を健康的な数値にしたところで、それは会社の業績とはほとんど関係ないでしょう。

　そこで会社は従業員に対してKPIという数値目標を与えま

す。KPI とは Key Performance Indicator の略で直訳すると「重要な業績の評価指標」となりますが、かの有名な経営学者である P.F ドラッカーの著書『未来企業－生き残る組織の条件』（1992）でも紹介された概念です。

　コンピテンシーとして求める行動特性を会社としてどのような方面で発揮してほしいかを明示するのが KPI です。これらの組み合わせで会社が進むべき道を示します。KPI が目的地なら、コンピテンシーは地図みたいなものと考えて良いでしょう。目的地だけ示しても迷子になる人が出てしまいますし（もちろん迷子にならずに辿り着ける人もいますが）、地図だけ渡されてもどこへ向かって良いか分かりません。KPI を達成するための行動目標を設定することで、社員一人ひとりの行動が会社全体の目標達成に直結することになるのです。

4. どちらでもないものはない

　先述のように従来の評価制度はコンピテンシーといっても抽象的な性質が羅列されているだけであることが多いので、評価者として時に 20 以上にわたる項目について正確な判断をすることは非常に難しいものです。そして、多くの場合は 5 段階評価です。すると、良いか悪いかの判断が難しい項目については真ん中の「3」（どちらでもない）に寄ってしまいます。この現象は「中心化傾向（central tendency）」と呼ばれ、1 や 5 といった評価がほとんど見られなくなるので、特に相対評価を取り入れている企業だと差が生まれにくくなってしまう要因になります。

　また、コンピテンシーの評価項目については客観的基準が明示されていないことも多いので、点数の判断は主観的にならざるを得ないでしょう。評価者の個人的嗜好で 1 や 5 をつけられようものなら被評価者としてはたまったものではありません。

　そこで、コンピテンシーは 5 段階評価ではなく 4 段階評価にするとよいでしょう。そうすれば真ん中がなくなるので、できたかできなかったかの二択になります。つまり、設定された行動目標に対して評価者はできたかできなかったかを判断しなければいけません。すると目標の設定が重要なファクターとなるのですが、コンピテンシーの目標設定については次節に回します。

　一方、KPI については数値目標なので達成の度合いが明確になります。よって、こちらは何段階でも特に問題ありませんが、評価段階をどういったレベルで区切るかが重要になります。絶

対値で区切る場合と達成度合いで区切る場合がありますが、どちらが良いかは KPI の内容によります。

　例えば売上高を 5 段階評価で設定した場合、会社として最低限達成してほしい売上高を 100％として、1 は 80％未満、2 は 80％以上 100％未満、3 は 100％以上 110％未満、4 は 110％以上 120％未満、5 は 120％以上、と設定します。また、業務改善提案の件数を KPI とする場合は、割合ではなく具体的な件数を 1〜5 の各段階に当てはめると良いでしょう。いずれにしろ、この区切りを間違えると被評価者のほとんどが 5 点だったということにもなりかねないので、慎重な設定が必要です。ただ、いきなり適切な KPI 設定ができるわけではないので、試行錯誤を繰り返しながら 2 年、3 年かけてちょうど良い目標設計ができるようになる、というイメージを持っておけば良いかと思われます。

5.　良い目標とは

　さて、コンピテンシーにおいてはできたか、できなかったかを明確に評価できる目標の設定が重要と先述しました。そうでないと、評価者と被評価者の間で「できた」の認識にズレが生じ、社員の不満につながりやすくなるからです。

　例えば、あなたの部下が「担当売上アップのためにお客様目線に立った提案をします」という目標を掲げたとします。残念ながらその部下の担当売上は現状維持に留まってしまいましたが、お客様目線に立った提案をしてきたのだから 3 点（目標達成）だと主張しました。これに対して、あなたは部下の行動

をどう評価すべきでしょうか。売上アップできなかったから2点（目標未達）といいたいところでしょうが、そういうと部下の不満そうな顔が目に浮かびませんか。

そこで、面談を通じて目標の難易度と「できた」の共通認識を明確にしておくことが大切です。その際、目標設定において重要なポイントが五つあります。

① あくまで行動を目標とする
② あいまいな表現を使わない
③ 具体的な数値を設定する
④ 一つの目標に対して一つの行動に絞る
⑤ 適切な難易度である

これらのポイントについて、設例に基づいて考えてみましょう。

【設例】
　あなたはある商品の卸売販売会社において法人営業部のマネージャーであり、会社は第1四半期のKPIとして売上高の前期比5%アップ、営業利益率の前期比1%アップを掲げています。
　部下のAさんに行動目標を設定させたところ、以下の目標が返ってきました。

「担当売上アップのためにお客様目線に立った提案をします」

あなたは、この目標に対してどのように対応すべきでしょうか。

まず考えるべきは、この目標が KPI の達成に繋がるかどうかです。その点については担当売上アップを掲げているので売上高アップにつながり、ひいては営業利益アップにつながるので問題ないでしょう。

次に、目標とすべきポイントを明らかにします。ここで「担当売上アップ」を目標にしてしまうと行動目標ではなくなってしまうので、あくまで「担当売上アップ」につながる「行動」を目標とすべきです。A さんの場合は「お客様目線の提案」を行動目標のポイントとします。

Phase1. 目標となるポイントを決める
⇒「担当売上アップのためにお客様目線に立った提案をします」

ここで、「担当売上アップ」と「お客様目線の提案」の因果関係について考えます。A さん自身は「担当売上アップ」に「お客様目線の提案」が有効だと考えているようですが、この効果としては以下のように分解できます。

（1）お客様目線の提案により、既存顧客で既存受注商品の単価をアップできる
（2）お客様目線の提案により、既存顧客の新規受注件数を増やせる

(3) お客様目線の提案により、新規顧客を増やせる

　その中で、Aさんがどの効果を見込んでいるのか明らかにする必要があると同時に、マネージャーとしてAさんの担当売上アップに効果的なのかを検討する必要があります。例えば、Aさん自身は(2)を目論んでいたとしても、販売実績を鑑みて不用意な値引きが多ければ(1)を提示してみるのも良いでしょう。

　中にはコンピテンシーの文言につられてKPIに関係ない行動目標が設定されることがありますが、それはこのポイントで修正すべきです。また、因果関係を自分でうまく説明できない部下に対しては、KPIの要素を分解して、どの要素と行動がつながるかを一緒に考えてもらえば良いでしょう。KPIの要素の分解とは、例えば売上だと以下のように構成する要素を細かくしていくことです。

　　売上＝単価×数量
　　単価＝原価＋利益－値引き＝原価×(1+利益率)－値引き
　　数量＝受注－失注＝問い合わせ数×アポ率×受注率

Phase2. KPIと行動目標との因果関係を明確にする
⇒「担当売上アップのために、お客様目線の提案により既存顧客の新規受注件数を増やします」

「お客様目線の提案」のままでは抽象的なので、「既存顧客の新規受注件数を増やす」手段たる「お客様目線の提案」とは何

か、より具体的な検討に入ります。Aさんにヒアリングしたところ、「お客様が意識していない課題に対して解決策を提示すること」がポイントだと明らかになりました。Aさんいわく、顧客が抱えている課題とそれに対する解決策はおおよそイメージを描けているとのことです。ここで、マネージャーとしては顧客ごとの課題と解決策の一覧をAさんに作成してもらうことを提案すると良いと思います。これはAさんの進捗を管理する上でも、社内で水平展開するにも有効な施策です。

　なお、お客様の課題自体を把握できていない場合も多いと思うので、その時は実際に売上に直結させるのは翌期以降として、当期は課題を把握するための行動自体を目標に設定すれば良いでしょう。

Phase3. 行動目標に具体的数値を設定する

⇒「担当売上アップのために、お客様が意識していない課題に対して解決策を提示することで既存顧客の新規受注件数を増やします」

　だいぶ目標が具体的になったので、評価の基準となる具体的目標値の設定に入ります。具体的目標値とは、要するに「目標を達成できる基準となるポイント」のことで、通常は「いつまでに」（期限）、「どのくらい」（効果）という数値で表されます。Aさんの場合、「既存顧客の新規受注件数」を増やすために基準となる要因は提案数だと考えられるので、提案数が具体的目標値として設定できます。（提案した結果の受注率は不確定要因

なので、ここでは評価の基準には入れません）

　あとは行動をスケジューリングし、それぞれいくらの上積み
が期待できるかを集計します。Aさんの担当顧客のうち提案予
定先が 12 件あるとすると、毎月平均 4 件の提案を目標にでき
ます。また、提案予定先ごとに効果を検討した結果、平均して
5%ずつの新規受注が見込めるとすると、担当売上も結果とし
て 5%アップできるはずで KPI への貢献にも文句はありません。

　以上の結果を考慮すると、最終的な行動目標は以下のように
なります。

⇒「担当売上を 5%アップするために、新規受注件数を 5%増
やします。その対策として、既存のお客様に対して月 4 件ずつ
計 12 件訪問し、事前に作成した一覧表に沿ってそれぞれ意識
していない課題に対する解決策を提示します」

Phase4．合格基準を共有する

　最後に、設定した目標に対してどこまでできれば合格かを A
さんと確認します。あくまで行動に対する評価なので、月 4 件
ずつ、計 12 件訪問・提案できれば合格でしょう。人によって
は訪問して提案するだけじゃないか、と簡単なように思われる
かもしれません。その場合は訪問数を増やすか、もしくは別の
指標にするなど被評価者と難易度の摺り合わせが必要です。こ
こで重要なのは、あくまで合格基準について被評価者と共通認
識を持つことです。これが一方的な押し付けになったり、逆に
被評価者のいうことを鵜呑みにしたりすると途端に機能しな
くなります。

はじめからここまで完成度の高い目標設定は難しいので、1年かけて理想形に近づけていくイメージで取り組めば良いでしょう。また、はじめから良い目標を立てられる人もいれば、なかなか上手に目標を立てられない人もいます。その時は、良い目標をお手本として社内で共有することをおすすめします。あるいは全員の目標を共有した上で、良い例だけ強調する方法もあるでしょう。全員の目標を共有することは、お互いの業務内容がクリアになるので組織内の風通しもよくなり、また自分の目標が見られているという緊張感も生まれるという点では効果的です。

6. 密なコミュニケーションが強い会社を作る

　本人に任せる、といえば聞こえはいいですが、評価者としての管理責任を放棄しているともいえます。組織が前に進むためには、経営層だけが頑張ったところでどうにもなりません。実際に前線で働いている社員たちの頑張りが重要なのは自明ですが、その方向性が経営層の望む向きと合致していなければいけません。

　人数が少なければ社長が自ら全社員に理念を説いていくことは可能でしょう。しかし、10人、20人、50人と増えていくに従い、徐々にその影響力は弱まっていきます。そこで大事なのが、経営者と社員の間にいる幹部や管理職です。彼らが経営者の意思をいかに正しく、かつ分かりやすく社員に伝えられるかで、その組織の力は大きく変わります。

　幹部や管理職の存在は、評価制度においては、目標設定の段階から影響します。経営者が全社として掲げた目標に対し、幹部や管理職が自分の管轄する範囲で何をすべきかを考え、それを部下に落とし込まないと部下が掲げた目標が正しいのか判別すらできません。社員一人ひとりが会社に対して何をすべきかを理解している状況を作るには、幹部や管理職が普段のコミュニケーションで経営者の考えを部下に伝える必要があります。それがないと、KPI に関係ないその場限りの目標ばかりになってしまうでしょう。

　コミュニケーションは、目標を設定した後も欠かしてはいけません。例えば、評価期間の半分を過ぎた頃に、中間面談を通

じて進捗管理を行うことは目標達成において効果的です。そこで進捗が芳しくなければその原因を追究し、あるいは目標自体の修正をすることで、その評価期間の行動に対して互いに納得がいく適切な評価を行うことができます。

　任せている、といえば聞こえがいいかもしれませんが、コミュニケーションをとらずに状況を把握できていないのであれば、それは放任です。評価期間が終わって被評価者が何もできていなかったので1点です、というのは、被評価者が何もできていないことに対して気付くこともできず、何も対策を講ずることができなかった評価者のマネジメント能力として1点という点数と同義なのです。また、評価制度を取り入れたばかりの会社であれば、通常業務に追われてしまい、意識して共有しないと目標に対する進捗を確認できないでしょう。そこで、中間面談という時間を設けることで進捗を確認するというプロセスを意識付けすることが重要になります。

　コロナ禍でテレワークが普及した昨今において、休憩時間や打ち合せの前後で気軽に話せる機会が失われ、ともすればコミュニケーションの量自体が減っている中で、人事評価制度を通じて定期的なコミュニケーション機会を設けるのは良い方策かもしれません。

7.　その評価、しっくりきますか？

　さて、人事評価制度におけるクライマックスともいえる評価の部分ですが、目標設定から中間面談までコミュニケーションをとっていても、やはりなかなかピタッと当てはまる評価は難

しいものです。その要因として、視点別に挙げると以下のように
なります。

(1) 評価者視点

　評価者の視点で違和感があるとすれば、KPI とコンピテンシーの得点獲得率の違いによるものでしょう。例えば、KPI の得点獲得率が低いのにコンピテンシーの得点獲得率が高ければ、それは行動目標と KPI が合ってなかったか、行動目標自体が簡単すぎた可能性もあります。逆も然りです。

　行動目標と KPI の連動については、先述した通り会社ごとに答えが違うので試行錯誤を重ねるほかありません。ただ、場合によっては同業他社の事例を参考にするなどして、なるべく早く自社に合った指標を見つけることが大事です。

　一方、行動目標の難易度については評価者に起因します。難易度が簡単すぎた、もしくは難しすぎた要因としては、①評価者が難易度を正しく判断できなかった、②評価者が適切なコミュニケーションをとれていなかった、という原因に分けられます。①については、評価者が被評価者の業務内容を正しく理解できていないことに起因することが多いので、該当する評価者に関しては、担当する被評価者の業務に詳しい者にレビューしてもらうなどの対策が有効です。一方、②については組織的な問題を除けば評価者自身のマネジメント能力に起因すると考えられるので、業務見直しによる時間の確保、コミュニケーション能力の開発などが必要になるでしょう。

(2) 被評価者視点

　被評価者の視点から考えると、評価者間の甘辛によるものが大きいでしょう。KPI 得点獲得率＜コンピテンシー得点獲得率となっている被評価者が多い評価者は比較的甘く、逆の場合は厳しいという見方ができます。それを是正するには評価者ごとのコンピテンシー得点獲得率を比較し、評価者に自らの傾向を意識してもらうことが一番です。甘い評価者ばかりだと評価だけ高くなり給料は上がるのに業績は上がらないという事態に陥りますし、逆に厳しい評価者ばかりだと業績は上がるけど評価は悪いままで被評価者のモチベーションは上がりません。

　以上のように、評価して終わりではなく、その評価分布になった要因を分析することで、はじめて評価業務が終わります。PDCA でいうと C の部分です。そこで表出した課題を翌期の評価期間において対策を反映し、修正することで、更に良い評価制度へブラッシュアップされるのです。

8.　業績検討会とセットで会社を良くする

　ここまでくると勘の良い方は気付いているかもしれませんが、PDCA サイクルをもとにした業績検討会と人事評価制度は非常に親和性が高いものです。業績検討会では予実差異分析から様々な課題を発見し、その解決のための行動を促すことまではできますが、日々の業務に追われてなかなか実行に結びつきません。更に実行しないことに対するペナルティもないので、どんどん先延ばしになってしまいます。一方、人事評価制度は評

価者が会社の方針や課題を把握できていないと、部下の適切な目標設定ができずに評価のための制度に形骸化してしまいます。

　そこで、幹部や幹部候補が業績検討会に出席することで、①会社の方針や課題を共有し、②その課題と解決策を KPI やコンピテンシーに組み込み、③次回の業績検討会で進捗や結果を確認し、④新たに出た課題と解決策について次の評価期間で KPI やコンピテンシーに組み込む、といったように会社全体として PDCA を回すことができるようになります。

9.　実例インタビュー

　川越市に本社を置く塗装会社、株式会社トップ工業。二代目である高橋社長は日本工業塗装協同組合連合会の会長も務め、ISO の取得や M&A といった先を見据えた取り組みを積極的に行うなど業界のリーディングカンパニーでもあります。
「お客様のニーズに限界まで挑戦する」ことを使命に今もなお成長を続ける同社ですが、その秘訣について、業績検討会と人事評価制度の導入を軸に高橋社長に伺いました。

――業績検討会・人事評価制度を導入する前に抱えていた課題は何でしょうか？

　当時はちょうど売上が減少気味でしたが、経営について一緒に考えてくれる存在がいなくて、社長である私だけで考えるのに限界を感じていたんです。

そこで、未来について一緒に考えてくれる新しい税理士を探していたのですが、アクティベートジャパンさんが一番厳しく、かつ会社を良くするという熱意を感じられたので、契約することにしました。

——ありがとうございます。

人事評価制度については、社労士からフォーマットをいただいて 15 年くらい前に導入したことはあるんです。ただ、評点が 5 点中 3 点ばかりになってしまい、社員も熱心ではなく、あまり意味を感じられなくなりすぐにやめてしまいました。

しかし、最近は業界組合の業務などで本来の会社業務に注力しきれなかったり、自分が病気をしたらどうなるのかと考えたりするようになり、自立した社員を育成し、組織として形を整えたいと思っていました。そんな時にアクティベートジャパンさんから提案があり、新しい人事評価制度を導入したんです。

——業績検討会・人事評価制度に期待していたことは何でしょうか？

先ほどの課題と重複する部分もありますが、上手に次世代へバトンタッチできるように組織を整えることですね。

——業績検討会・人事評価制度を導入した結果、変わったことはありますか？

幹部が数字に対して意識を持つようになりました。以前は、受注産業というのもあったのでしょうが、仕事はふってくるものだという意識だったように思います。仕事に対して受け身だったんですね。

しかし、あるとき業績不振に陥ったんです。このままだと大幅な赤字になる、と業績検討会で明らかになりました。すると、社員自ら調達先や納入先に値上げ交渉しに行ったり、展示会に行って研究するようになったり、自主的に行動するようになりました。

また、「コンピテンシー」と「KPI」という言葉が日常的に交わされるようになり、社内で共通言語を持てるようになったのも大きいと思います。KPIに時間当たり売上高を掲げているのですが、おかげで時間管理への意識が高まったように感じられます。

――その効果を実感したのはいつ頃ですか?

コンピテンシーなどの言葉が取り交わされるようになったのは、導入後の間もない頃からでした。

――効果を継続させるために実行していることはございますか?

業績検討会も人事評価制度も、はじめは自分たちで回せるようになることを目標としていました。しかし、社外の人が第三

者の立場で意見してくれることで、社員も緊張感をもって聞き、自社の状況を冷静に俯瞰できるようになると実感しています。

　自社の人間がいうことだとどうしても甘えが出てしまうでしょうし、言うほうも遠慮する面があると思います。だから、第三者に入っていただいて意見してもらうことが効果を継続させるコツだと感じています。

——今抱えている課題はありますか？

　人事評価制度についていけていない人が出てきているのは課題ですね。導入時に辞める人が出るのは想定内だったのですが、導入後しばらく経ってからどうせ自分は無理だと諦めてしまう人がいるようです。
　そのような人に対しては、適切な目標設定をして、まずは達成感を味わってもらうようにフォローすることでモチベーションを上げ、脱落者が出ないようにしていきたいです。

——ありがとうございました。

■ 第5章のまとめ

・ 人事評価制度は社員のため

・ 絶対評価は公正に評価しやすいが、目標設定が難しい

・ コンピテンシーは「デキる人」の行動特性

・ KPI×コンピテンシーは社員の目標達成で会社の目標達成

・ 評価は「できた」か「できなかった」か

・ 良い目標は、「具体的」「明確」「KPI」「単一」「適切な難易度」

・ 密なコミュニケーションで正しい方向へ導く

・ KPIとコンピテンシーの達成率で目標の見直しを

第 6 章

組織的な経営、内部統制の整備

　内部統制とは組織の業務の適正を確保するための体制を構築していくシステムをいいます。内部統制というと J-SOX 対応で上場会社の内部統制報告制度を想定される方も多いかも知れませんが、シンプルにいうと内部統制は経営者の適切な業務執行を支える会社の仕組みをいいます。従って、上場会社に特有なものというわけではなく、企業の永続的発展の基盤となる会社の見える化、仕組み化のための仕組みといえます。企業が小規模である内は企業の隅々まで経営者の目が届きますので特段の問題が出ない事が多いのですが、社員が増え仕事の分業が進むにつれて内部統制を整備して行く事が重要になってきます。この章では内部統制を整備する重要なポイントを学びます。

1. 利益管理制度の確立

　企業理念、ビジョン、経営戦略を実現するために事業計画を策定し年度、月次ごとに予算実績管理を行い各組織の業務が目標の達成に向けて組織的に活動しているかを検証し、その検証結果をもとに目標を実現するための具体的な行動を策定する管理制度を確立します。

　予算実績管理によって、予算と実績の差異を分析しそのギャップを埋めるための次なる具体的行動計画の遂行について責任者、期限を設定し、目標の達成確度を上げていく事が可能になります。予算と実績の差異分析によって業務上の不正や処理・判断のミスを異常点として認識し、組織的な改善につなげるというメリットもあります。

2. 内部牽制組織の整備

　企業が小規模なうちは社長の目が隅々まで届きますが、人数が増えるにつれて目が届かない規模になると業務上の不正や処理・判断ミスが極力起こらないような仕組み作り、組織的な内部牽制組織の構築が必要になります。

　社員も人間である以上、処理ミスや判断ミスもしますし、場合によっては会社の小口現金に手を出したり、在庫を横流ししたり、売掛金を個人的に使い込んだり、取引先から個人的にリベートを収受したりという不正を起こす事もあります。経営コンサルタントの一倉定先生の言葉に「電信柱が高いのも郵便ポストが赤いのも全て社長の責任」というものがあります。例え経営者が全く知らないところで何か不祥事が起きたとしても

それも全て経営者の責任なのです。従って経営者にはこういったミスや不正が起きないような仕組みを社内に構築する責任があり、義務があるという事を深く認識する必要があります。

　具体的には業務フローを確認して不正や処理・判断ミスの起こりやすい業務を特定して業務を意図的に分割したり、1名で行える業務でもあえて二人で業務を行わせたり、同じ取引記録を2か所以上で管理するなど複数人の目が通るような相互牽制が働くような仕組みを作ることが重要です。

　以下では実際に起こったいくつかの不祥事とその防止策例を紹介します

(1) 小口現金

　小口現金の担当者が、担当者個人のカード決済資金が不足していたので小口現金を流用したという。現金は小口金庫にあると説明するも、小口金庫の現金を確認させてくれなかったので不審に思い、小口金庫を開けて確認させるように指示したところ、実際に現金はなく使い込みが判明した。

(防止策例)

　現金の残高について金種表を作成し実際の現金有高を確認し現金出納帳の残高と照合し上席者の承認を受ける。

(2) 預金

　経理担当者が自身の遊興費のために預金から引き出し、仮払金で処理したという。仮払金の精算がされないので不審に思い

経理責任者を問いただしたところ使い込みが発覚した。

（防止策例）

　小口現金引き出し専用預金を設けてこの口座への振込上限額を設定し、定期的に出納状況をチェックする。また、ネットバンクの設定において振込等の申請権限者には申請権限のみを付与し、振込承認者には承認権限のみを付与する事によって申請権限者は振込申請することしかできず、振込承認者は振込の承認のみで振込の申請をできないので、二人が共謀しない限り振込する事はできないようにして相互牽制機能を働かせる。

（3）売掛金

　売掛金現金回収の取引先の売掛金回収金額を営業社員が使い込んだ。

　売掛金の回収が進まない事を不審に思い調査したところ使い込みが発覚した。

（防止策例）

　売掛金の現金回収を振込あるいは自動引き落としに切り替える。どうしても振込等に切り替えできない場合には領収書の管理（予め連番の付番された複写の領収書にして使用状況を定期的にチェックする）を徹底し、回収期限通りに回収されない場合には経理等の営業社員以外の社員が支払日を確認し、さらに取引先に定期的に残高確認をするようにする。

（4）在庫

　在庫の保管場所から在庫を勝手に持ち出して横流しをしたり、ネットで販売していた事例。

（防止策例）

　在庫管理担当者を配置して在庫の受払い管理をする。あるいは在庫の保管場所に施錠し、在庫の出庫時には在庫管理担当である鍵の管理者と、在庫使用者の複数で在庫の払い出しを確認したあと出庫表に記録し、在庫の受払い管理を行い、定期的に実地棚卸を行うようにする。

3.　定款、諸規定等の整備

　社員が増えて幹部が育ってきたら何から何まで社長が判断していては本来社長が行うべき仕事を行えなくなります。また幹部を育成するためにも社長が判断していたことの一部を幹部に移管していくことを考える必要があります。会社の規模が大きくなり組織が複雑になってくると社長の意志が社員に届きにくくなってきます。そこで、社内のルールを規定として文章化して見える化し、これに従う形で社員一人ひとりの行動基準や判断基準を組織的なものとすることが必要になります。

　法令遵守が重視される現在の経営環境のもとでは、一人の社員の誤った行為が会社の経営に重大な影響を及ぼすこともあり得ます。社員一人ひとりがルールを守ることで効率的な業務を行うことができ、取引先を含め、社員や社員の家族全員の幸せを守ることができるのです。このように会社の諸規定整備の目的は、会社そのものを守り社員やひいてはその家族を守る事

にあります。また社員一人ひとりの行動基準や判断基準を組織
的なものとすることにあります。このような会社の諸規定整備
の目的を良く認識して諸規定を整備することが重要です。

(1) 諸規定の整備

　会社の規定は大きく分類すると、「基本規定」、「組織関係規
定」、「人事関係規定」、「業務関係規定」の四つに分類すること
ができます。

① 基本規定

「定款」や「取締役会規定」などがあり、会社経営の基本的な
事項について定めています。定款には、会社の事業目的や役員
の人数・任期、営業年度などが規定されていて、いわば会社組
織の憲法にあたるものですが、その内容の変更には株主総会の
承認が必要になります。取締役会規定には、取締役会の運営や
決議方法などが定められます。

② 組織関係規定

「組織規程」「職務分掌規程」「職務権限規程」「稟議規定」など
があります。
　社員が増えてくれば社内での役割分担も明文化していく必
要があります。このように会社の組織や業務活動で行われる役
割分担や意思決定の権限を定めたものが組織規程、職務分掌規
程、職務権限規程になります。「組織規程」は、組織の構成や組
織の関連について定めたものになります。「職務分掌規定」は、

各部門が担当する仕事の内容や権限と責任の範囲を簡潔・明確に定めたものです。「職務権限規定」は、部課長などの役職ごとにそれぞれの職務範囲と権限について定めています。「稟議規程」は業務遂行にあたって自分の権限を越える事項について決定権のある人の承認をえる稟議事項の基準および稟議の手続きについて定めたものです。

③　人事関係規定

「就業規則」や「賃金規定」などがあり、社員の処遇や服装ルールについて定められています。「就業規則」とは、働くスタッフが守らなければならない職場の規律や就労するにあたっての労働条件などを定めたもので、労働基準法で常時 10 人以上の社員を使用する使用者に作成が義務付けられています。「賃金規定」とは、給与体系や諸手当の内容について記載されたものです。

④　業務関係規定

「経理規定」、「予算管理規定」、「文書管理規程」、「販売管理規定」、「購買管理規定」などがり、業務遂行上の規則に関連する事項が定められています。

「経理規定」とは、会計処理の前提となるルールであり、経理業務における不正やミスの発見と防止、正確な企業情報のタイムリーな収集・分析にあたって必要となるものです。

「予算管理規定」とは、会社の予算制度、予算実績管理に関する規程です。

「文書管理規程」とは、社内外の文書の保存及び管理に関して必要な事項を定めたものです。管理をする必要がある文書としては、株主総会議事録や会計帳簿類、伝票・証憑書類、稟議書などがあります。文書によっては、法律により保存期間が定められているものもありますので、関連法令を把握しておく必要があります。「販売管理規定」とは、販売促進、受注、出荷依頼、請求および債権管理などの営業上の諸活動において、販売計画を達成するために営業部門が遵守すべき基準および事務処理手続を明らかにしたものです。

「購買管理規定」とは、購買に関する諸活動の基本を明らかにし、購買活動の合理的運営に役立てるため購買部門が遵守すべき基準および事務処理手続を明らかにしたものです。

(2) 定款の整備

　定款はいわば会社組織の憲法にあたるものですが、会社経営や事業承継の場面でこの定款の規定がどうなっているかによって法的な効果が左右されます。従ってこの定款の整備が実は重要だという事実が意外とプロの中でも盲点になっているように感じます。

　実務で盲点になっている内容をいくつかご紹介しますので定款を整備する時に検討してみてください。

① 株券発行、不発行

　商業登記簿謄本で「株券発行会社」となっている法人で実際に株券を発行している会社は私の実務経験上とても少ないの

が実態という印象です。商業登記簿謄本を確認して「株券発行会社」となっている法人で実際に株券を発行していない会社が、株主が株式を譲渡あるいは贈与する場合、会社に株券の発行を請求して株券を発行してもらい、株券を譲渡人あるいは贈与者が譲受人あるいは受贈者に対して株券を交付することが必要になります。

　これは株券の交付をしないで行った株式の譲渡や贈与が無効になってしまうリスクがある事を意味します。従って、商業登記簿謄本を確認して「株券発行会社」となっている法人で実際に株券を発行していない会社は、株券不発行にする変更登記をしておくことをおすすめします。

会社法第 128 条
株券発行会社の株式の譲渡は、当該株式に係る株券を交付しなければ、その効力を生じない。ただし、自己株式の処分による株式の譲渡については、この限りでない。
2. 株券の発行前にした譲渡は、株券発行会社に対し、その効力を生じない。

②　株式の譲渡承認請求

　商法では株式の譲渡承認請求について「書面」をもって請求すると規定されていました。しかし、会社法では「書面」をもってするという規定がなくなりましたので、口頭等で譲渡承認請求があったのに会社が対応をしないと譲渡承認をしたものとみなされてしまいます。従って定款には譲渡承認請求は「書

面」をもって行う事を要件とする規定を設ける事をおすすめします。

③ 株式の売渡請求

会社法に「相続人等に対する売渡しの請求」（会社法 174 条〜177 条）が定められたことにより定款にこの定めを置いている会社が多く見受けられます。この定款の規定による問題点については P 177 を参考に対策を講ずる事をおすすめします。

④ 売主追加請求権

会社が自己株式を取得する場合には株主間に公平な株式売却の機会を与えるための措置として「特定の株主に、自己をも加えること」を株主総会の議案とすることを請求できる旨通知しなければなりません（会社法 160 条 2 項 3 項）。

この売主追加請求権を排除する規定を会社設立後に設けようとすると株主全員の同意が必要になりますので、株式会社の設立時においては原紙定款にこの売主追加請求権を排除する規定を設けておくのが良いでしょう。

4. 内部監査

内部監査とは、内部統制が事業運営上適切に機能しているかどうかをその業務に携わっていないものが経営者に代わって監視する業務活動をいいます。

一般社団法人日本内部監査協会によれば、「内部監査とは、組織体の経営目標の効果的な達成に役立つことを目的として、

合法性と合理性の観点から公正かつ独立の立場で、経営諸活動の遂行状況を検討・評価し、これに基づいて意見を述べ、助言・勧告を行う監査業務、および特定の経営諸活動の支援を行う診断業務である。これらの業務では、リスク・マネジメント、コントロールおよび組織体のガバナンス・プロセスの有効性について検討・評価し、この結果としての意見を述べ、その改善のための助言・勧告を行い、または支援を行うことが重視される」としています。

　内部監査の最大の目的は、企業の発展に最も有効な改善策を助言、勧告し、さらにその実現を支援することです。

　日々変化する外部環境、内部環境に応じて内部統制等の会社の仕組みも定期的なチェックがなされなければ担当変更によりルールが引き継がれなかったり、時間の経過とともに行われなくなったりして本来のチェック機能が働かなくなることが多々あります。内部監査による監査計画、チェック実施、報告、改善という不断のサイクルを回すことによって会社の内部統制の仕組みを継続的に改善していく必要があります。

5.　内部通報制度

　内部通報制度とは、法令順守がさらに重要になる昨今の経済環境において法令違反等の早期発見と未然防止を主な目的として設置され、組織内外の者からの申告を受付け、調査・対応するために会社の内部に整備される制度をいいます。

6. ケーススタディ（実際の事例）

　オリジナルブランド香水や化粧品等の製造卸売業を営む株式会社フィッツコーポレーション

コーポレートサイト　https://www.fits-japan.com/company/

——内部統制の整備、内部監査を導入する前に抱えていた課題は何ですか？

　実は購買管理や商品管理に課題があったのです。

——内部統制の整備、内部監査に期待していたことはありますか？

　人数も増えてベテランが力技で業務を進める事に限界が来ていて属人的なアプローチを組織的に見える化、仕組み化、平準化したいと考えたのです。

——内部統制の整備、内部監査を導入した結果、変わったことはありますか？

　今までは何でもありだったのですが、内部統制の構築の過程で社員に業務プロセスの質問をする事によって社員も何かがあるのかなと感じるようになりました。また内部監査のプロセスでルールの遵守状況を質問されるので社員がルール遵守に意識が向くようになって、社員の行動がルールに基づくように

変わってきたように感じます。

——その効果を実感したのはいつ頃からですか？

　内部統制の整備、運用を導入して概ね1年くらい経過した頃でしょうか。

——なぜそのような効果が出たと考えますか？

　内部監査での内部監査員による部署の責任者や担当者にヒアリングする事や内部監査の結果を部署の責任者や担当者にフィードバックする事などによって必然的に意識が変わってきたように思います。

——効果を継続させるために実行していることはありますか？

　内部監査を継続してPDCAを回す事に尽きると思いますよ。

——今抱えている課題は何ですか？

　会社をさらに磨き上げるために内部監査にさらに魂を入れたいですね。

——そのために計画・実行していることはありますか？

会社の仕組み化、見える化、磨き上げのための、真に経営のためになる内部監査のレベルアップを実践したいと思っています。

――今後の内部統制の整備、内部監査に期待していることは何ですか？

　会社の規模が拡大して内部統制や内部監査の必要性を本当に感じていますので先ほどいった会社の仕組み化、見える化、磨き上げのための、真に経営のためになる内部監査のレベルアップを期待しています。

■第6章のまとめ

・内部統制の整備は自社の仕組み化、見える化、磨き上げのために重要な要素である事
・内部統制の整備は下記の5つが重要
　①利益管理制度の確立
　②内部牽制組織の整備
　③定款、諸規定の整備
　④内部監査
　⑤社内通報制度の整備

第 7 章

永続企業のために
事業承継、親族内承継、
親族外承継、M＆A

　この章では事業承継で承継できる企業と承継が難しい企業の分岐点あるいは
M&Aで売却できる企業とそうでない企業の分岐点、そして事業承継の進め方とそ
の過程で起こり得る課題等への対応方法、最後にM&Aの進め方と企業価値の算
定方法を学ぶことができます。

1. 事業承継の重要性

　経済産業省は、2017年に「127万社もの会社が廃業予備軍になっている」というデータを発表し、世間に衝撃を与えました。

　日本の中小企業は約400万社弱ですから約3分の1の会社の廃業が危ぶまれていることになります。日本の中小企業経営者の平均年齢が上昇傾向にあり、スムーズな経営者交代が急務となっています。もし会社経営を承継するという立場になったらどんな会社であれば継いでも良いと考えるでしょうか？

　私が会社を継ぐとしたら、理想としては毎期黒字決算で社員が活き活きと仕事をしていて、借金がゼロで社長への依存が少ない仕組みで回っているような会社を継ぎたいと思います。それは誰でもピカピカの会社を継ぎたいというのが世の常だと思います。

　事業承継には大きく親族内承継、親族外承継、M&Aがありますが、ピカピカの会社であれば誰もがその会社を継ぎたいと思うでしょうし、M&Aでは高額での譲渡が可能になります。一方で借金が多く、経営者の個人保証が必要で、経営が社長一人に依存しているような属人的な会社は子供などが継がざるを得ない場合を除き、誰も継ぎたいとは思わないですし、M&Aでの売却も困難になります。

　端的にいえば優良企業であれば承継もM&Aもしやすくなりますので、今まで述べてきた内容を踏まえて自社をピカピカに磨き上げることが非常に重要になります。

２．事業承継の上手な進め方

　企業が永続的に繁栄するために、重要な経営課題である「経営承継問題」はその準備に時間がかかるものです。また、企業の永続的な繁栄の観点から経営承継を考え、人材育成（後継者育成を含む）と組織体制をつくることが重要です。経営承継のための準備に早期に取りかかり、計画的な経営体制の整備を行うことが重要です。

　事業承継を進める上で大事なポイントは大きく二つあります。一つは経営者としての経営ノウハウや経営理念等の経営権そのものの承継であり、もう一つは自社株、事業用資産等の財産権の承継になります。

(1) 経営そのものの承継

　経営権の承継とは、一般に経営者の経営に対する信念、価値観、経営者として必要な業務知識、経験、人脈、技術等の承継をいいます。

(2) 財産権の承継

　自社株、事業用資産等の財産権の承継に関しては、下記について留意する事が必要です。

① 　自社株及び事業用資産の後継者への集中
　　後継者が安定的に経営を行うためには、後継者への自社株及び事業用資産を集中させることが必要です。
② 　遺留分への配慮

経営者が保有する財産のほとんどが自社株と事業用資産で、この自社株と事業用資産を後継者に集中させる場合、後継者でない法定相続人の遺留分を侵害しないように配慮する事が必要です。

③ 事業承継に際して必要な資金の確保

上記の通り、後継者が安定的に経営を行うためには、後継者への自社株及び事業用資産を集中させることが必要です。そのために、他の親族等に分散した自社株や事業用資産を買い取るための資金、相続・贈与により自社株や事業用資産を取得した際に後継者に課される相続税・贈与税の納税資金などが必要になります。

事業承継の進め方の全体像としては下記のステップを踏んで進める事になります。

STEP1　現状分析　　図表1参照

まずは「己を知る」ことです。現状をしっかりと認識することから始めます。

STEP2　方向性の決定　　図表2参照

年齢、経歴、知識、スキル、事業意欲、考え方、価値観、資産状況などがポイントです。

STEP3　事業承継計画の作成　　図表3参照

内容はできるだけ具体的で、行動をイメージできるようにすることが大切です。専門的な知識が必要な分野は専門家に相談しましょう。

（図表１）

経営承継のための現状分析シート

社名：＿＿＿＿＿＿＿

1. 会社について

①会社の経営資源について

A. ヒト	B. モノ

C. カネ	D. 情報、ノウハウ

②会社のリスクについて

A. 金融機関からの借入状況と返済能力	B. 役員等からの借入状況と返済意思の有無

C. 退職金支払などの潜在的債務の額	D. 保険の加入状況と適正額

③会社を取り巻く外部環境

機会・チャンス		脅威・ピンチ
	業界の動向	
	顧客の変化	
	仕入先の変化	
	同業他社の動き	
	法律の改正等	

④親族、会社内外の関係者及び株主・役員の状況

A. 親族

氏名	続柄	年齢	職業

B. 会社内外関係者

氏名	間柄	年齢	備考

C. 株主・役員名簿

氏名	株数	役職	備考

2. 経営者について

①経営者の資産・負債及び個人保証の状況について

A. 自社株の所有株数と評価	B. 不動産(土地・建物)等の現状と評価、抵当権等設定の状況

C. その他資産の額(時価評価)	D. 借入金などの負債の額と返済予定

E. 個人保証の状況

3. 後継者について

①後継者の適性と資産・負債状況について

A. 後継予定者の有無と本人の意思の確認	B. 後継予定者のキャリア、能力、人柄、意欲、価値観等の評価

C. 後継予定者の資産・負債、個人保証等の状況

4. 経営承継、相続発生時の問題予測について

①経営承継・相続発生時の問題予測について

A. 法定相続人の資産(特に自社株)・負債状況、人間関係の把握	B. 相続税額のシミュレーションと納税方法の確認

C. 遺産分割のシミュレーションと「争続回避策」の検討

（図表2）

経営承継基本方針書

Ⅰ．経営承継の当事者と時期

現経営者	氏名：　　　（現在　　　歳）
後継予定者	氏名：　　　（現在　　　歳、勤務先：　、　年目　）
承継パターン	□親族内　□従業員　□外部者　□M＆A
承継時期	平成　年　月予定（今から　　年後、経営者：　歳、後継者　　歳）

Ⅱ．経営理念、ビジョン、数値目標

経営理念	
経営ビジョン	
数値目標	【現状】　　　　　【5年後】　　　　【10年後】 売 上 高 経 常 利 益 借 入 金 社 員 数

Ⅲ．経営承継を円滑に行うための後継者の経営力向上と関係者への理解

後継者の経営力向上	
関係者への理解	

Ⅳ．地位と財産の承継

基本方針	
地位の承継 （責任と権限の承継）	
財産の移転	

Ⅴ．その他

個人債務保証、担保差入れ、金融機関対策	
争続対策	
その他	

経営承継計画書

（取扱注意）　商号：＿＿＿＿＿＿　（業種：＿＿＿＿＿）

	検討項目			平成　年	平成　年	平成　年	平成　年	平成　年	平成　年	平成　年	平成
会社		売上高	1								
		経常利益	2								
		借入金残高	3								
		必要資金	4								
		企業防衛制度等	5								
		資本政策等	6								
	自社株	株価（円）	7	円	円	円	円	円	円	円	
		株数	8	株	株	株	株	株	株	株	
		評価額	9								
	主要株主	現経営者	10	株	株	株	株	株	株	株	
		後継予定者	11	株	株	株	株	株	株	株	
			12	株	株	株	株	株	株	株	
			13	株	株	株	株	株	株	株	
		資本金	14								
		従業員数	15	名	名	名	名	名	名	名	
現経営者（　　　　　）		年齢	16	歳	歳	歳	歳	歳	歳	歳	
		役職	17								
		経営承継対策	18								
		経営承継円滑化法	19								
	対策	社内・外	20								
		家族	21								
	株式	持株割合	22	％	％	％	％	％	％	％	
		評価額	23								
		財産承継対策	24								
	その他の財産	預金・有価証券	25								
		土地・家屋	26								
		その他	27								
		生命保険等	28								
		借入金残高	29								
		合計	30								
		贈与税	31								
		相続税試算額（納税猶予適用後）	32								
		納税資金	33								
後継予定者（　　　　　）		年齢	34	歳	歳	歳	歳	歳	歳	歳	
		役職	35								
		担当業務	36								
		教育	37								
	承継財産	持株割合	38	％	％	％	％	％	％	％	
			39								
			40								
		借入金残高	41								
備考			42								
			43								
			44								
			45								

3．事業承継における様々な対策

　事業承継を進めるに際しては様々な課題が出てきます。これらの課題に対する対策を順番に説明したいと思います。

(1)借入金の個人保証

　平成 29 年度の中小機構アンケートによれば個人保証を理由に事業承継を拒否した割合は 59.8％にも上り、事業承継を考えた場合に借入金に対する経営者の個人保証が大きな障害になっている事が分かります。

　このような現状を踏まえて、事業承継時に焦点を当てた「経営者保証に関するガイドライン」の特則が令和 2 年 4 月 1 日から適用されています。

　具体的には下記の条件に該当する事を前提に経営者保証に依存しない融資の実行について適切に判断する事が金融機関に求められます。

○後継者も、法人個人の一体性の解消、財務基盤の強化、適時適切な情報開示等、経営改善や、債権者との信頼関係の構築が求められる。

○また、以下のような状況であれば、事業承継時に前経営者からの保証が解除されやすくなる。
　（例）
・前経営者が、形式的にも実質的にも経営から退く場合（併せて、当該法人から報酬等を受け取らないこと）

・前経営者が当該法人から、社会通念上適切な範囲を超える借入等を行っている場合には、これが返済される場合

・法人の返済能力や担保が乏しく、金融機関が前経営者の資産を保全価値があるものと認識していた場合には、後継者等から金融機関に対し、同等程度の保全が提供される場合

〇経営者の交代により経営方針や事業計画等に変更が生じる場合には、その点について誠実かつ丁寧に金融機関等に説明すること。

　また、信用保証協会では、経営者保証を不要とする新たな信用保証制度（事業承継特別保証制度）が令和2年4月1日に設けられました。

名称	事業承継特別保証制度
申込人資格要件	次の(1)かつ(2)に該当する中小企業者 (1)3年以内に事業承継（＝代表者交代等）を予定する「事業承継計画」（※）を有する法人又は令和2年1月1日から令和7年3月31日までに事業承継を実施した法人であって、承継日から3年を経過していないもの　※信用保証協会所定の書式による計画書が必要 (2)次の①から④の全ての要件を満たすこと 　①資産超過であること 　②返済緩和中ではないこと 　③EBITDA有利子負債倍率（（借入金・社債－現預金）÷（営業利益＋減価償却費））10倍以内 　④法人と経営者の分離がなされていること
申込方法	与信取引のある金融機関経由に限る
保証限度額等	2.8億円（うち無担保80百万円） 責任共有制度（8割保証）の対象
保証期間	【一括返済の場合】1年以内、【分割返済の場合】10年以内（据置期間1年以内）
対象資金	事業承継時までに必要な事業資金 既存のプロパー借入金（保証人あり）の本制度による借り換えも可能 （ただし、令和2年1月1日から令和7年3月31日までに事業承継を実施した法人に対しては、事業承継前の借入金に係る借換資金に限る）
保証料率	0.45%～1.90%【経営者保証コーディネーターによる確認を受けた場合、0.20%～1.15%に大幅軽減】

(2)株式対策

　後継者が安定的に経営を行うためには、後継者へ自社株を集中させることが必要です。従って、先代経営者の生前に、後継者に集中的に自社株式を譲渡、あるいは贈与するといった事前の対策が理想的です。しかし、何らかの対策を講ずることなくオーナー株主に相続が発生した場合には、法定相続人に自社株が分散してしまうリスクがあります。このようなリスクを回避し後継者に株を集約するために以下のような方法が考えられます。

①生前の財産移転による相続対策

　オーナー株主が所有する株式を生前に後継者に移転する事が考えられます。移転の方法としては、後継者への譲渡、後継者への贈与があります。

　後継者への譲渡の場合には、譲渡に会社の承認が必要な事、後継者に株式の買取資金が必要な事、オーナー株主に譲渡所得税がかかる可能性がある事、売買価額については税務上の時価で行う必要がある事などに留意が必要です。

　贈与には生前贈与と死因贈与がありますが、遺留分に留意する必要があります。

　生前贈与により受贈者へ株式を移転する場合の受贈者への課税としては暦年課税、相続時精算課税、事業承継税制がありますが、それぞれの使い分け方のポイントは以下の通りです。

1. 暦年課税

会社の株価が安定しており、急激な上昇が見込まれない場合で相続開始までに時間的余裕があると見込まれるケースなど

2. 相続時精算課税

会社の株価が上昇傾向にあり、かつ、後継者は決まっているが相続税の納税が見込まれないケースなど

3. 事業承継税制

会社の株価が上昇傾向にあり、かつ、後継者が決まっており事業承継の時期に来ているケースなど

②遺言の活用

遺産分割では自社株が後継者に承継されるかどうか不確定な要素を残しますが、遺言によれば遺産分割のような話し合いをする必要はなく基本的には遺言通りに財産の承継が認められます。但し、遺言がある場合にも遺留分侵害額請求は認められますのでこの点に対する対策は必要です。

なお遺言の種類にはいくつかありますが、自筆証書遺言は簡単に作成できる反面、改ざんの可能性や方式の不備により無効になる可能性を考えると公正証書遺言にするのが望ましいです。

③遺留分の事前放棄

遺留分とは、一定の相続人のために相続に際して法律上取得することが保障されている遺産の一定の割合のことをいいま

す。この遺留分を侵害した贈与や遺贈などの無償の処分は、法律上当然に無効となるわけではありませんが、遺留分権利者が遺留分侵害額請求を行った場合に、その遺留分を侵害する限度で効力を失うことになります。

　オーナー株主の有する財産のうち、かなりの割合を自社株式や事業用不動産が占めるケースでは、遺言を活用する場合にも遺留分に留意した遺言内容にする必要があります。

　そして、後継者となる相続人以外の相続人の同意が得られる場合には、遺留分侵害額請求を受ける可能性を事前に排除する方法として遺留分を有する相続人は、相続の開始前（被相続人の生存中）に家庭裁判所の許可を得て、あらかじめ遺留分を放棄することができます。

④経営承継円滑化法による民法特例の利用

　自社株式などの承継に関する遺留分による制約の問題に対処し、現行の遺留分の制度の限界を補うため、2008年5月に成立した経営承継円滑化法に基づき、遺留分に関する民法の特例ができました。

　この特例では、一定の要件を満たす後継者が、遺留分権利者全員との合意及び所要の手続き（経済産業大臣の確認、家庭裁判所の許可）を経ることで、生前贈与された自社株式を遺留分算定基礎財産から除外することができます。また、生前贈与された自社株式を遺留分算定基礎財産に算入する際の評価額を予め固定することもできます。

⑤相続発生後の遺産分割協議による方法

　相続発生後の株式の承継については、遺言があれば遺言により承継されますが、遺言がない場合には遺産分割の対象となります。遺産分割とは、相続開始後、共同相続人の共同所有に属している相続財産を各共同相続人に分配、分属させる手続きをいいます。共同相続人間に後継者への全株式の承継の合意が成立されてはじめて株式の承継が可能となりますが、相続発生後は被相続人がいないため共同相続人間で意見の対立が生じやすく、遺産分割による承継は非常に不安定な状況を生じる可能性があります。従って、遺言による事前の対策が極めて重要になります。

⑥議決権制限株式の利用

　議決権制限株式とは議決権に制限のある株式のことをいいます。事業承継で議決権制限株式を利用する場合は、後継者である相続人には議決権のある株式を相続させる一方で後継者でない相続人には議決権のない株式を相続させます。この場合、後継者でない相続人に対する相続分が遺留分の範囲となるように留意する必要があります。

⑦相続人等に対する株式の売渡請求

　定款に「相続人に対する売渡の請求」に関する規定（会社法174条）を置くことにより相続その他の一般承継があったことを知った日から1年以内に株主総会の特別決議（会社法175条1項）により、株式相続人に対して強制売渡請求をすることが

可能になります。

　一方、当該規定は、オーナーに相続が発生した時に売渡請求をするか否かの特別決議において、相続人は議決権がない（会社法175条2項）ため、残存株主が会社の支配株主になり会社を乗っ取られてしまう可能性がありますので下記のような対策が必要になります。

（対策案1）
包括承継である相続ではなく、特定承継である遺贈により、後継者に株式を取得させることにより、売渡請求の対象外とする方法

（対策案2）
定款に下記条項を設ける方法（但し、裁判になった場合に株主平等原則違反で無効と判断される恐れがあるとの見解があります）

　第＊＊条　当会社は、相続その他の一般承継により当会社の株式を取得したものに対し、当該株式を当会社に売り渡すことを請求することができる。但し、○○○○が所有している株式についてはこの限りではない。（出典：白井輝次監修　コンパッソ税理士法人編集「誰でもわかる企業承継の実務 P41（第一法規、2005年）

　あるいは、下線部分を「但し、相続人に対する売渡請求は、その相続する株式が発行済株式総数の 25％未満の場合にのみ

請求できるものとする」にするなどの対応が必要です。

（出典：齋藤孝一、牧口晴一　中小企業の事業承継　四訂版
清文社）

⑧受益者連続型信託による方法

　受益者連続型信託とは、現受益者の有する信託受益権（信託
財産より給付を受ける権利）が当該受益者の死亡により、予め
指定された者に順次承継される旨の定めのある信託契約のこ
とをいいます。

　例えば、オーナー社長、奥様、長男（後継者）、次男、三男が
いるケースの場合、オーナー社長の相続時に奥様が相続した自
社株式を、その後奥様の相続時に自社株を長男に相続させるこ
とが実質的に可能になります。なお信託による受益権の承継は、
民法上の遺留分の適用を排除するものではありませんので遺
留分については別途留意する必要があります。

　また、この信託契約は 30 年経過後に現存する受益者から次
の受益者が相続して、その人が死亡すると次の指定があっても
信託契約は終了して、民法の規定に戻ります。

⑨持株会社の設立

　後継者が持株会社を設立し、先代経営者が経営する会社から
の配当あるいは収益力を前提に金融機関からオーナーの株式
の買取資金の融資を受けます。この融資資金でオーナーの株式
を買い取ります。これによりオーナーの自社株式が持株会社に
移転し、オーナーの相続財産は現金になり株式の分散リスクを

回避できます。しばしば金融機関が提案するスキームですが自社の借入金の負担が増える点には留意が必要です。

⑩自社株買いに関するみなし配当の特例

以前は非上場株式を発行会社に譲渡した場合、譲渡対価のうち発行会社の資本金等の額を除く部分について、みなし配当課税（総合課税で累進税率）がかかるため売主の手取り額を大きく減少し株式の集約が進まないといった課題がありました。

そこで、非上場株式を相続した個人が相続税の申告期限から3年以内に発行会社に相続株式を譲渡した場合、みなし配当課税（総合課税で累進税率）ではなく株式譲渡益について譲渡益課税（分離課税）が適用される特例が設けられています。

⑪名義株への対応

名義株は、現実にオーナーの相続が発生した場合、その経緯を知っているのはオーナーだけである事が多いため、遺産分割協議、相続税の申告等で大変苦慮することになります。

他人名義の株式を勝手に被相続人の財産にするわけにもいかないため、その経緯を慎重に判断する必要が出ます。名義株はオーナーが生前に名義変更または承諾書などをとっておくことが重要です。

名義株確認書兼名義書換承諾書

株式会社〇〇御中

　株主名簿に載っております、私名義の貴社株式〇〇株の実質所有者は、オーナー太郎であり、私は名義を貸したに過ぎないため、真正なる所有者への名義書換えを承諾致します。

平成×年×月×日

住所＊＊＊＊＊＊＊＊

氏名　自署　　　　　　　実印（印鑑証明書添付）

（出典：齋藤孝一、牧口晴一　中小企業の事業承継　四訂版　清文社）

⑫ 所在不明株主の整理

　所在不明株主が存在する場合には、株主権を突然主張されるリスクや全株式を譲渡する場合に買い手側では全株式を取得できない事により突然の株主権の主張リスクを負い、結果として会社を売却する事ができないという事態も想定されます。また、全株主の同意が必要な行為をする場合や株主総会の招集手続きを行うためにも株主の所在を把握しておく必要があります。

　この場合、5年以上継続して会社からの通知が到達しない株主が所有する株式は一定の手続を経て会社が処分する事ができます（会社法197条）ので、早い段階で所在不明株主の整理をする事が重要です。

（3）　認知症対策としての「任意後見制度」と「家族信託」の活用

①　「任意後見制度」の活用

　不測の事態に備えて、「任意後見人」を選任して契約を結ん

でおくことで、本人の意思（予め定めた内容）に沿った財産処分等が可能になります。

② 「家族信託」の活用
自分の老後の生活・介護等に必要な資金の管理及び給付等にあたり、その保有する不動産・預貯金等の資産を信頼できる家族に託し、その管理・処分を任せることができます。

任意後見制度と家族信託の比較

	任意後見制度	家族信託
遺留分	あり	あり
期間	生前～相続まで	生前～死後まで

③ 「受益者連続型信託」の活用
受益者連続型信託とは現受益者の有する信託受益権が現受益者の死亡により予め指定された者（次の受益者）に順次承継される旨の定めのある信託のことをいい、相続財産を取得した相続人が亡くなったときの「次の相続人」を予め定めておくことができます。なお 30 年を経過したあとは、受益権の新たな承継は一度しか認められておりません。

④ 「受託者を一般社団法人とした信託」の活用
自社株式を一般社団法人に信託し、委託者兼受益者のオー

ナーが死亡した場合には受益権を後継者が取得する旨を
信託契約において定めることで、オーナー死亡時から遺言
執行までの空白期間において、議決権行使の指図権を受け
られるため、後継者（受益者）は確実に経営権を取得する
ことができます。

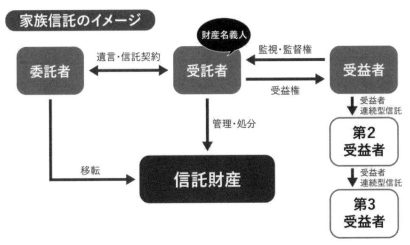

4．M&A

　親族内での承継あるいは従業員や社外から招聘した者など
親族以外の人に承継する親族外承継も難しい場合には、M&Aに
より承継することも選択肢となります。

　M&Aとは、企業の合併・買収の総称をいいます。近年後継者
問題に直面しているオーナー経営者の事業承継の解決策とし
て、M&Aを活用するケースが増えています。

（1）M&Aのメリット、デメリット

　M&Aのメリット、デメリットは次の表のようにまとめること
ができます。

メリット	売り手側	法人あるいは事業を清算あるいは廃業を回避できる
		従業員の雇用を維持できる
		取引先との関係を維持できる
		オーナー経営者は自社株の売却により実態として資金化不能は自社株を資金化できる
		オーナー経営者は上場株式との株式交換であれば実態として資金化不能は自社株を資金化可能な株式に交換できる
	買い手側	法人あるいは事業の有するノウハウや技術等を承継することができる
		自社の事業との関係によっては市場シェアの拡大やシナジーを見込むことができる
デメリット		希望の条件を満たす買い手を見つけるのが困難
		経営の一体性を維持するのが困難な場合がある

（2）M&A の手法

M&A の手法には様々な手法がありますが、その主な手法の内容及び特徴と売り手側の課税関係をまとめると下表のとおりになります。

手法		内容及び特徴	売り手の課税関係
会社の全部を譲渡する方法	合併	2つ以上の法人が1つの法人になる会社法の組織再編の手法で新設合併と吸収合併とがある。合併の対価が非上場株式では資金化できないため、合併対価が金銭等になる事が想定され、この場合には非適格合併になり実務上は選択することが難しい。	適格組織再編の場合：課税関係は生じない。 非適格組織再編の場合：被合併法人の株主にみなし配当課税と株式譲渡益課税が生じる場合がある。
	株式交換	株式交換とは、自社の株式と他社の株式を交換する会社法の組織再編の手法を言います。上場会社との株式交換の場合には、換金化が可能な上場株式になるため納税資金の確保に一定の効果が見込めます。	適格組織再編の場合：課税関係は生じない。 非適格組織再編の場合：株式交換完全子法人において時価評価課税、株主課税も生じる場合がある。
	株式譲渡	経営者が所有している株式を買い手企業に売却する事を言います。資金化が実質的に不能な株式を換金することが可能になります。	株式譲渡益課税。
会社の一部を譲渡する方法	会社分割	事業の一部を他社に売却する会社法の組織再編の手法であるが、分割の対価が金銭等になる場合には非適格会社分割となり実務上は選択することが難しい。	適格組織再編の場合：課税関係は生じない。 非適格組織再編の場合：分割法人において時価評価課税、株主課税も生じる場合がある。
	事業の一部譲渡	個別の事業を売却する手法で、譲渡対価は通常現金になります。売り手法人に譲渡代金を留保することが可能なため役員退職金等の原資になります。	事業譲渡に伴う譲渡損益は売り手法人の所得となり法人税の課税対象となります。

（3）M&A の手順

M&A の進め方は下記のフロー図に沿って行われる事が多いといえます。

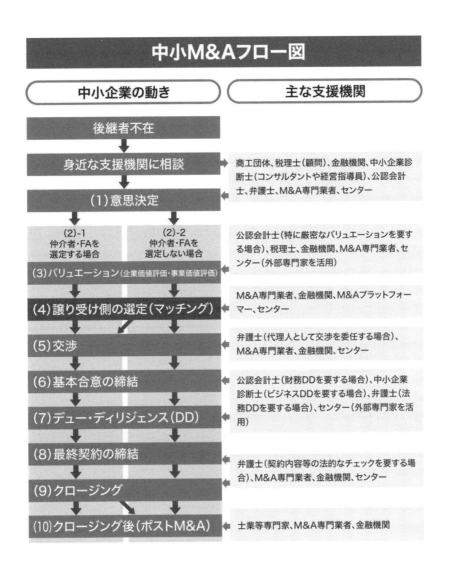

（注）上図のセンターは、事業引継ぎ支援センター

（出典：「中小M＆Aガイドライン　令和2年3月」中小企業庁）

① 準備段階

　準備段階として、仲介機関の選択、売却条件（売却金額、役員及び従業員の処遇、売却時期、売却後の要望や条件等）の検討、会社の実力の「磨き上げ」が重要になります。

② 実行段階

　売却候補先への打診、条件面の交渉、売却対象となる企業の調査（デューデリジェンス）、契約の締結及び資金決済が行われます。

③ ポスト M&A

　M&A を成功させるためには譲渡先企業の経営理念や経営方針、企業文化等と適切に融合させ対象企業の役員や従業員が安心して働けるように環境整備することが重要なポイントになります。

（4）企業価値算定

　非上場株式の評価の手法としては、インカム・アプローチ、マーケット・アプローチ、ネットアセット・アプローチの大きく三つの手法があります。

① インカム・アプローチ

「インカム・アプローチは評価対象会社から期待される利益、ないしキャッシュフローに基づいて価値を評価する方法（＊1）」です。

主なものとして、DCF法、配当還元法、利益還元法などがあります。

② マーケット・アプローチ

マーケット・アプローチとは、評価対象会社と類似する上場会社の市場価値を参考に評価したり、評価対象会社自体の過去の株式の価額を参考に評価したり、類似するM&Aの取引事例における売買価額を参考に評価する方法です。

主なものとして、類似上場会社法、市場株価法、類似取引法、取引事例法、類似業種比準法などがあります。

③ ネットアセット・アプローチ

ネットアセット・アプローチとは、評価対象会社の純資産価額を基に評価する方法です。

主なものとしては、簿価純資産法、時価純資産法などがあります。

以上の各評価方法、評価手法の内容とメリット、デメリットをまとめると次の表の通りになります。

評価方法	主な評価手法	評価手法の内容	客観性	市場での取引環境の反映	将来の収益獲得能力の反映	固有の性質の反映
			◎:優れている　○:やや優れている　△:問題となるケースもある			
インカム・アプローチ	DCF法	評価対象会社の将来予測キャッシュフローを株主資本と負債の加重平均資本コストで現在価値に割引き、それに継続価値を加算して企業価値を算出する方法	△	○	◎	◎
	配当還元法	株主への直接的な現金支払いである配当金に基づいて株主価値を算出する方法(＊2)。財産評価基本通達と配当還元法とは違います。				
	利益還元法	会計上の純利益を一定の割引率で割り引くことによって株主価値を計算する方法(＊3)				
マーケット・アプローチ	類似上場会社法	評価対象会社と類似した上場会社の株価を比較対象として株式の評価を行う方法	◎	◎	○	△
	市場株価法	評価対象会社が上場会社である場合にその会社の株価を基に評価する方法				
	類似取引法	類似のM&A取引の売買価格を基に評価する方法				
	取引事例法	評価対象会社の株式について過去に売買がある場合にその取引価額を基に株式の評価をする方法(＊4)				
	類似業種比準法	財産評価基本通達に規定される評価方法				
ネットアセット・アプローチ	簿価純資産法	帳簿上の簿価純資産を基に評価を行う方法	◎	△	△	○
	時価純資産法	時価純資産を基に評価を行う方法				

出典:日本公認会計士協会　経営研究調査会研究報告第32号企業価値評価ガイドライン27頁の図表Ⅳ－2及びⅣ－3を参考に作成

＊1:日本公認会計士協会　経営研究調査会研究報告第32号企業価値評価ガイドライン26頁

＊2:日本公認会計士協会　経営研究調査会研究報告第32号企業価値評価ガイドライン36頁

＊3:日本公認会計士協会　経営研究調査会研究報告第32号企業価値評価ガイドライン37頁

＊4:日本公認会計士協会　経営研究調査会研究報告第32号企業価値評価ガイドライン46頁

　　中小 M&A ガイドラインでは、簿価純資産法、時価純資産法、類似会社比較法（マルチプル法）が紹介されていますが時価純資産法と時価純資産法に数年分の利益を加算する場合のイメージを抜粋して紹介します。

時価純資産法のイメージ

1. 時価純資産の算出

賃借対照表

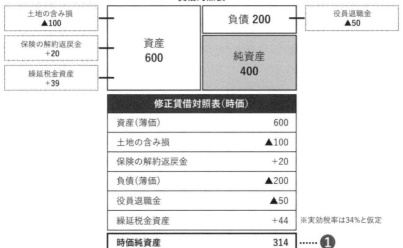

土地の含み損 ▲100		
保険の解約返戻金 +20		
繰延税金資産 +39		

| | 役員退職金
▲50 |

修正賃借対照表（時価）	
資産（薄価）	600
土地の含み損	▲100
保険の解約返戻金	+20
負債（薄価）	▲200
役員退職金	▲50
繰延税金資産	+44
時価純資産	**314** …… ❶

※実効税率は34%と仮定

2. 株式価値の算出

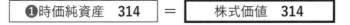

| ❶時価純資産　314 | ＝ | 株式価値　314 |

1. 時価純資産の算出

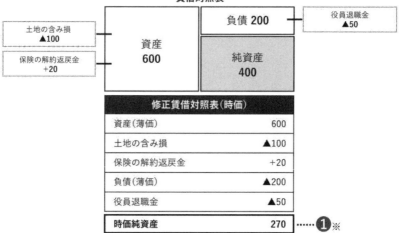

賃借対照表

土地の含み損 ▲100		
保険の解約返戻金 +20	資産 600	負債 200
		純資産 400

役員退職金 ▲50

修正賃借対照表（時価）	
資産（薄価）	600
土地の含み損	▲100
保険の解約返戻金	+20
負債（薄価）	▲200
役員退職金	▲50
時価純資産	**270**

‥‥‥**❶**※

※（2）同様に税効果を考慮する場合もある。

2. 加算する利益の計算

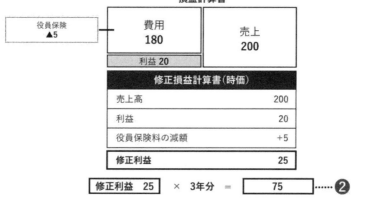

損益計算書

役員保険 ▲5

| 費用 180 | 売上 200 |
| 利益 20 | |

修正損益計算書（時価）	
売上高	200
利益	20
役員保険料の減額	+5
修正利益	**25**

| 修正利益 25 | × | 3年分 | = | 75 | ‥‥‥**❷** |

3. 譲渡額の算出

| ❶時価純資産 270 | + | ❷加算額 75 | = | 譲渡額 345 |

■ 第7章のまとめ

- 事業承継を進める上で大事なポイントは大きく二つあり、一つは経営者としての経営ノウハウや経営理念等の経営権そのものの承継であり、もう一つは自社株、事業用資産等の財産権の承継

- 事業承継は、「現状分析」、「方向性の決定」、「事業承継計画の作成」を行い、作成した事業承継計画について PDCA を回すことが重要

- 事業承継における様々な対策、借入金の個人保証、株式対策、認知症対策等は早い段階からの事前対応が極めて重要

- 近年後継者問題に直面しているオーナー経営者の事業承継の解決策として、M&A を活用するケースが増えている

おわりに

　答えがわかっていたら、みなさんの行動は変わるでしょうか？　もちろん答えがわかっていれば、その答えになる行動を選択するでしょう。

　場当たり経営、成り行き経営では将来なりたい自社の未来像を実現することはできません。従って、企業経営において事業計画を作成し、計画が達成されるように具体的な行動を計画します。そして毎月作成した計画と実績を比較して乖離があればその内容を分析して次の行動を計画して実行します。

　そして決算が黒字になることが予想されれば未来投資となる支出を実行して、未来に備える行動を選択し、赤字になることが予想されれば収益アップ施策の実行、資金調達、金融機関格付け対策などの適切な行動を事前に選択するでしょう。

　企業の出口も然りで円満な事業承継は、現状分析と課題分析を踏まえて事業承継計画を作成して、ゴールに向かって PDCA を回す事によって実現されます。

　経営計画も事業承継計画も将来の自社の未来を作り上げる大事なツールであり、この計画の達成状況をモニタリングして PDCA を回すことによって、描いた自社の未来が実現します。逆にいうと自社のありたい姿という答えがあり、その答えになる行動を計画して実践する事で思い描いた未来が実現します。

　日本の中小企業が永続発展する事により日本経済も活性化します。この本を手に取っていただいた方々の会社が、さらに成長発展する事を祈念しております。

【読者特典として経営に役立つツールを特別にプレゼント致します】

https://www.activatejapan.jp/arhfig3yue3kwymjxz9snf9hdutrts

　売上を上げるためのマーケティングの具体的手法を体系的に楽しく学べるのでおすすめします。著者もこちらで学んでいます。

【ゼロからマーケティング組織が作れる 3 時間の無料セミナー】

【著者プロフィール】

尾﨑 充

昭和 63 年　早稲田大学政治経済学部経済学科卒業

平成元年　公認会計士第 2 次試験合格　KPMG ピートマーウィック港監査
　　　　　法人入社　宅地建物取引主任者試験合格

平成 5 年　公認会計士第 3 次試験合格

平成 10 年　尾﨑公認会計士税理士事務所開設　税理士登録　協立監査法人
　　　　　入社

平成 17 年　目黒区包括外部監査人　立正大学経営学部経営学特論招聘講師

平成 24 年　公益財団法人東京都中小企業振興公社専門家　派遣事業支援専
　　　　　門家

平成 28 年　DAN ベンチャーキャピタル株式会社　ベンチャーキャピタリスト

（著書、執筆等）

「株式公開における経営管理上の諸問題について検討されたい」　日本公認
会計士協会経営委員会答申書

「技術の評価とその管理体制について検討されたい」　日本公認会計士協会
経営委員会答申書

「相続税・消費税増税! 勉強しないと資産はなくなります」共著　明日香出
版社

「大きな字で読む！相続・贈与の手続きと節税法がわかる本」　かんき出版

「スッキリ分かる不動産の税金ガイドブック」　清文社

「Q＆A不動産実務相談事例集」共著　清文社

「相続税増税！方法によってはもっと下がる相続税」共著　明日香出版社

「トップクラス専門家集団が教える相続、贈与、譲渡、法律　完全攻略」・「同・
続編」共著　明日香出版社

「これから大きく変わる　相続税と法律」・「同・続編」共著　明日香出版社

川見優介

2010年に京都大学卒業後、古河機械金属株式会社へ入社。本社や製造工場で経理として勤める。

2015年にアクティベートジャパン税理士法人へ入社。

現在は主に法人の税務業務に携わりながら、顧問先の事業計画や予算の策定及びモニタリングなど、コンサルタントとしても幅広く支援を行っている。

アクティベートジャパン税理士法人
株式会社アクティベートジャパンコンサルティング
https://www.activatejapan.jp/

実録! 年商 10 億円超の黒字企業に共通する
7 つの行動原則

ISBN：978-4-434-29046-6　C0034
2021 年 6 月 30 日　初版発行

著者：尾﨑 充・川見優介

発行所：ラーニングス株式会社
　　　　〒150-0042 東京都渋谷区宇田川町 10-2
　　　　第 2 野口ビル102
発行者：梶田洋平

発売元：星雲社（共同出版社・流通責任出版社）
　　　　〒112-0005 東京都文京区水道 1-3-30
　　　　Tell(03)3868-3275